スパイラルスイングとは…

スイングの折り返し地点を
周回しながら
ヘッドを低い位置に下ろし
ダウンスイングの
「水平円錐振り子運動」に
つなげていく。

クラブの機能を引き出し
打球を安定させるスイングである！

クラブの機能を働かせれば
ゴルフはやさしくなる

**「フェースを
目標に向けて
ボールに当てる」
その仕事、
実はクラブが
やってくれます**

なぜならクラブが
細長いL字の構造だから。
その構造が生み出す機能を
上手く使うことができれば
クラブはインパクトゾーンで
フェースを目標に向けてくれます

狙った方向へ正確に
予定どおりの弾道（曲がり方）で
できるだけ飛距離も出す

それを可能にするのが
スパイラルスイングです！

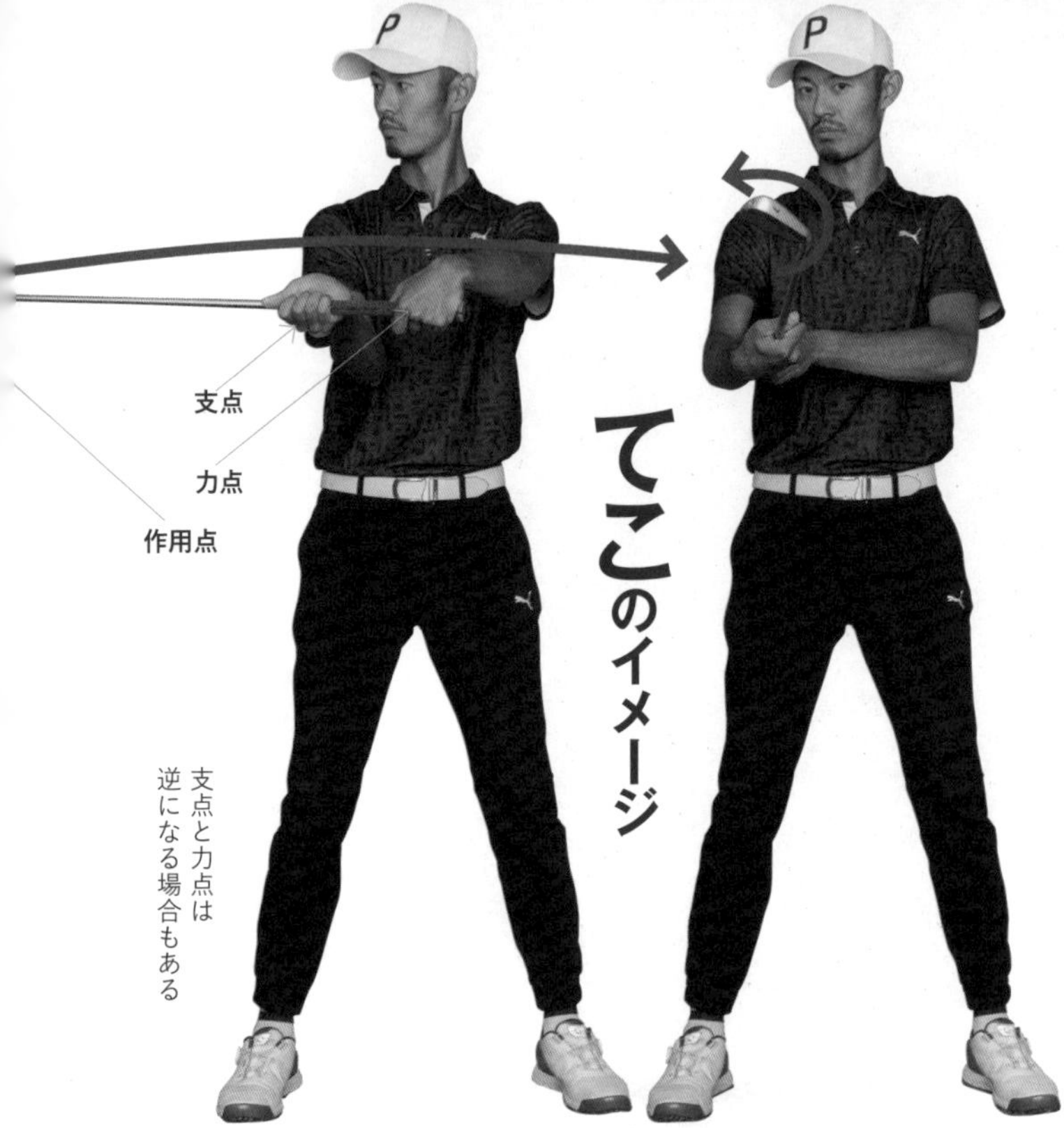

スイングを難しくする誤解①

てこを使って加速するから フェースの向きが不安定になる

てこの原理を使って腕とクラブの角度をリリースしてヘッドの動きを加速しようとするからシャフトに対してヘッドの重心が遅れフェースが閉じたり開いたりする。これを操るのは難しい！

スイングをやさしくする正解①

グリップエンドを引っ張るとフェースの動きは変わらなくなる

なわ跳びのなわを回す感覚でクラブを加速させると、
フェースの向きを変えずにインパクト位置まで下ろせる。
そのためには引っ張り続ける。
それでスイングはやさしくなる！

平面上を往復するイメージ

スイングを難しくする誤解②

1枚の平面上で動かそうとするとクラブの機能が働かない

ヘッドを1枚の平面上で動かすと上げてきた軌道をなぞるように
ヘッドを下ろし始めることになる。
すると慣性がヘッドの重心を動かし、切り返しの反動で
フェースの向きが不安定になるように働いてしまう

スイングをやさしくする正解②

小さなループを描いて下ろすと水平円錐振り子に近づく！

切り返しは平面上の往復ではなく、小さなループを描く。
ひと筆書きのようになるため引っ張り続けることができる。
なおかつ理想の水平円錐振り子に近づく。
円錐振り子の説明は次！

スイングをやさしくする水平円錐振り子の正体

外に向かう遠心力がなぜスイングをやさしくするか

水平円錐振り子では
ヘッドの重心が
描く円の外側方向に
遠心力で引っ張られる。
上からクラブを見たときに、
軌道の外に重心が
引っ張られれば
フェースは目標方向を向く。
無理に返す必要はなくなる

重心が外に引っ張られると
後方からクラブを見たときに
ヘッドの重心はシャフトよりも
上になるように動く。つまり
ライ角どおりにインパクトできる。
意図して手を
低くする必要もない

では、水平円錐振り子になるように振るにはどうすれば良い?

ヘッドを低く下ろしてから
インパクトへと引っ張る

インパクトゾーンではヘッドを引きずるように
水平に動かしたい。
そうすれば望む作用がヘッドに働く

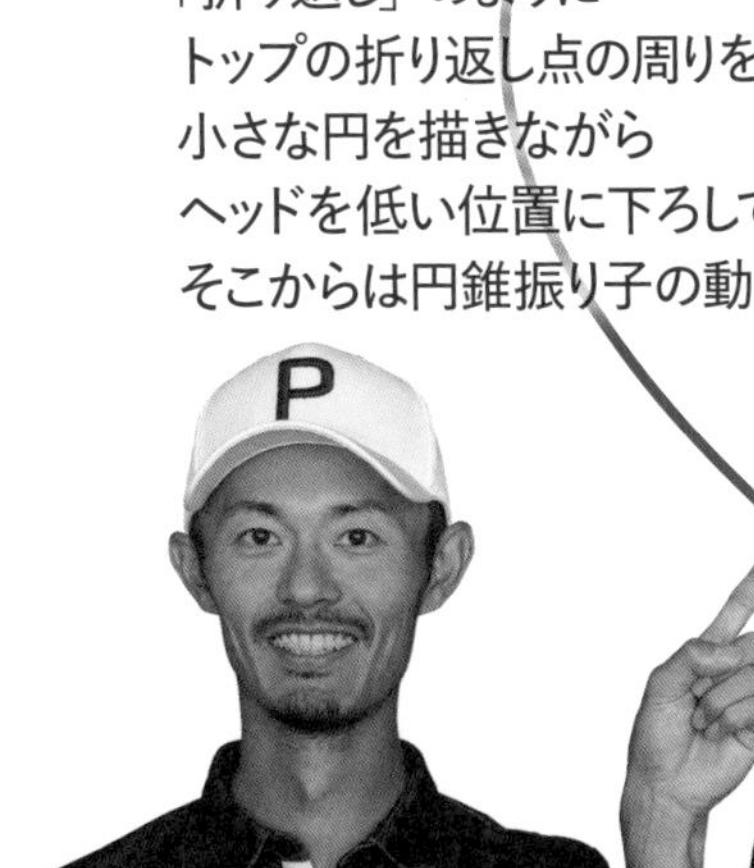

そこで、スパイラルの
イメージをとり入れる!

マラソンの
「折り返し」のように
トップの折り返し点の周りを
小さな円を描きながら
ヘッドを低い位置に下ろしてくると
そこからは円錐振り子の動きになる!

では実際のスイングにしていくには どうすれば良い?

頭上で回して遠心力を生み目標へ放る投げなわのように振る

水平の円錐振り子のように
クラブヘッドを振るための
イメージは、投げなわだ。
頭上でクルクル回して
遠心力をつくり
その張力で動きを
制御する

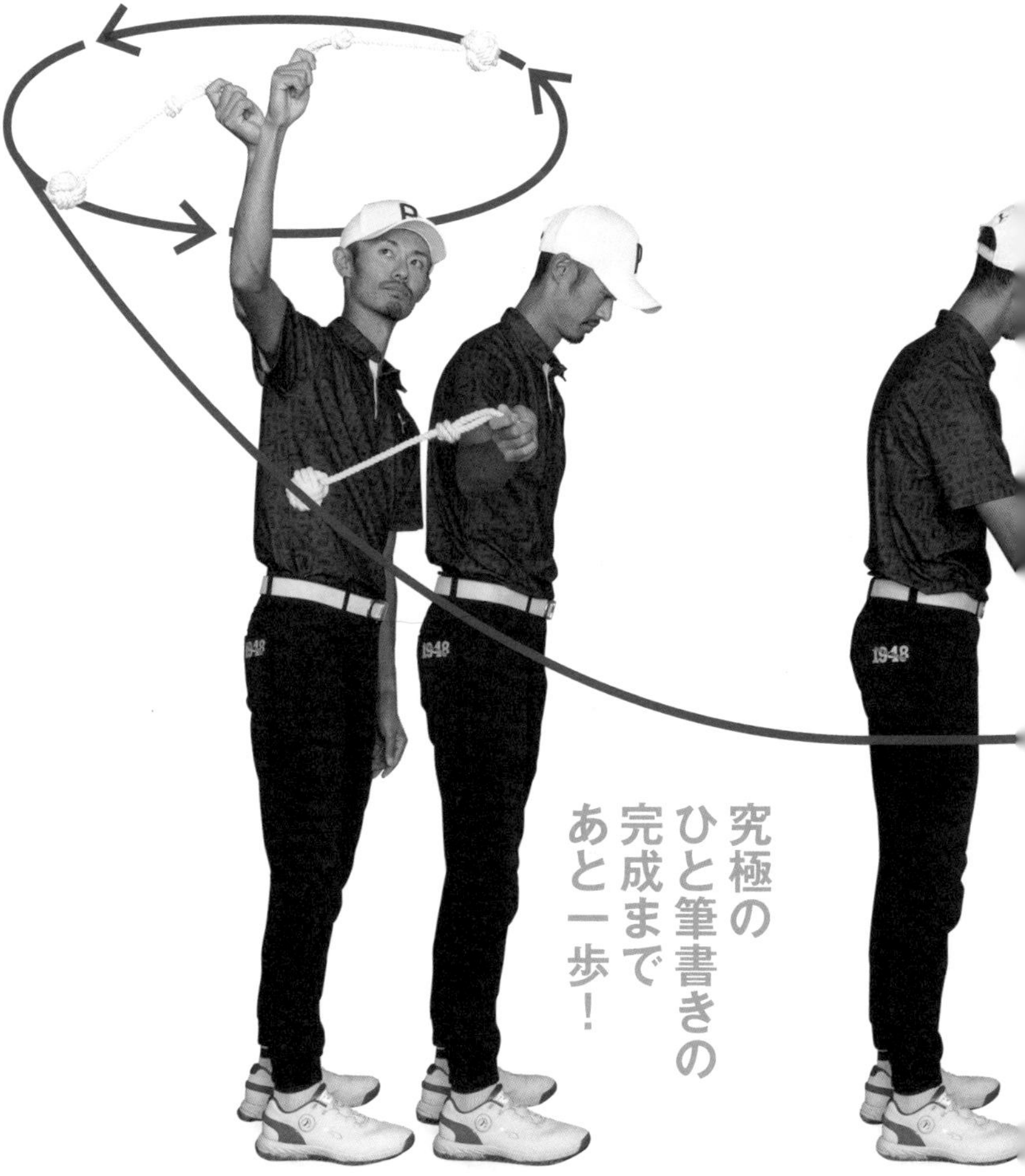

切り返しのループから水平な円錐振り子の動きへは
スムーズにつなげるイメージがもてたのではないだろうか。
では、トップまでの動きとは？

スパイラルスイングの全体像がここに出現！

ける円環が完成

中心（手）を上下させながら体の左右で細長い8の字を描く

円錐振り子の動きを
手でつくりながら、
その手を上下に動かす。
重り（つまりヘッド）はずっと
回転し続ける。
それがスイングになる

円錐振り子の動きから
よりスイングに近づけていく際
描いてほしいイメージは
横にして細長く伸ばした8の字。
中央で交差する瞬間に遠心力で
フェースはスクエアに
なっている!

ヘッドを引っ張り続

スパイラルスイングのイメージを脳に焼きつける

このイメージがクラブの動きを
身につけやすくしてくれます！
8の字と上下の昇降を合体させた
スパイラルスイング。
その身につけ方、調整の仕方、
実戦での使い方を解説していきます。

ゴルフスイング物理学

Physics
of
Golf
Swing

自力で成功する

スイング
イノベーション

スポーツトレーナー
小澤康祐著

まえがき

練習やラウンド中に「迷子」にならないゴルファーを目指しましょう！

「ゴルフはミスのスポーツ」というのはよく耳にする話だと思います。確かにラウンド中にその大小を含めてミスをせずに回るということは不可能です。上級者になればなるほどそのミスの幅が小さいということですね。つまり、どうすればミスの幅が小さくなっていくのか、ということを考えればゴルフが上達するということになります。

たとえば右にミスが出ているときに、そこに左に行く要素を程よくブレンドできるかどうか、という能力が必要になるわけですが、その過程を考えると、何が右に行く要素で何が左に行く要素なのか、という要素の理解をしているかどうか、そしてそれを程よくブレンドできるという、「原理の理解」と「体現能力」の二つが必要になるのです。

体現能力というものを身につけるということは、すなわち少しずつゴルフに対する運動能力を鍛えていく訓練が必要で、それが日々の練習にあたるわけですが、練習の前に必要なのが「原理の理解」ではないでしょうか。「闇雲に練習しても、下手が定着するだけ」とはよく言われたもので、そもそもスイングを直していくべき適切な方向性がわからないままに練習しても、時間と労力の無駄と言わざるを得ません。

私はコーチという立場ですが、その最終ゴールはゴルファーの自立です。コースに出ればコーチが後ろから「今のはこうだった、あぁだった」と言い続けることはできませんので、ゴルファー自身がショットを打つたびに、その弾道や感触をもとに微調整を続けながら18ホールを回り切る必要があり、それを行うためには「原理の理解」が必要不可欠です。本書を通して一人でも多くのゴルファーの自立を手助けできれば幸いです。

小澤康祐

ゴルフスイング物理学
自力で成功するスイングイノベーション

CONTENTS

第1章

ゴルフクラブの取り扱い説明書

1-1 ≫ 道具の理解

ゴルフクラブは残念ながら複雑な道具

「ゴルフは簡単か、難しいか」という質問をゴルファーにすれば、よほどの楽観主義者でないかぎりは「難しい」と答えるのではないでしょうか。毎日ボールを打ち続けているプロゴルファーであっても、どうやって打っても曲がらないと感じるような絶好調のとき以外は、思い描いたショットを打ち続けることは不可能です。**これほどまでにゴルフが難しいものになっている理由の一つに、道具の構造の複雑さ、そしてそれゆえに機能を正確にイメージしにくいことが挙げられます。**

この道具の複雑な構造について私の著書やレッスン動画の中でも何度も触れているのですが、使っている道具の性質を理解せずにそれを扱おうとするから難しいのだと言えます。たとえば料理人が包丁を使って魚をさばく際、その包丁の刃がどんな方向から当てて動かすべきものなのかをわかっていなければ、本来必要ではないはずの力を使って刃を押し付けるなどしてしまい、上手く切ることができなかったりするでしょう。それと同じように、ゴルフクラブもその少し変わった構造を理解する必要があるのです。

その少し変わった特徴とは、シャフトの延長線からズレたところにヘッド重心があって、その重心よりも少し前にフェース面がある（後に詳しく解説します）という構造です。その構造が生む動き方の性質を理解することではじめて、どのような力を与えるとクラブはうまく機能するか、どのような力を与えると反対に機能を殺してしまうのか。私の以前の著書や動画に触れていただいた方も含め、それを本書で復習し、さらに理解を深めていただきたく、クラブの構造の理解から進めていきたいと思います。

シャフトの軸と打面のあるヘッドの重心位置がズレていること、さらに打面自体がシャフト軸からズレているという複雑な構造をもつのが、ゴルフクラブという道具。それ自体がどのように「動きたがるのか」を理解しなければ、意図どおりに操れない

複雑な構造が生み出す特殊な動き方を理解することが意図どおりに当てる＝意図どおりの打球を飛ばす前提となる

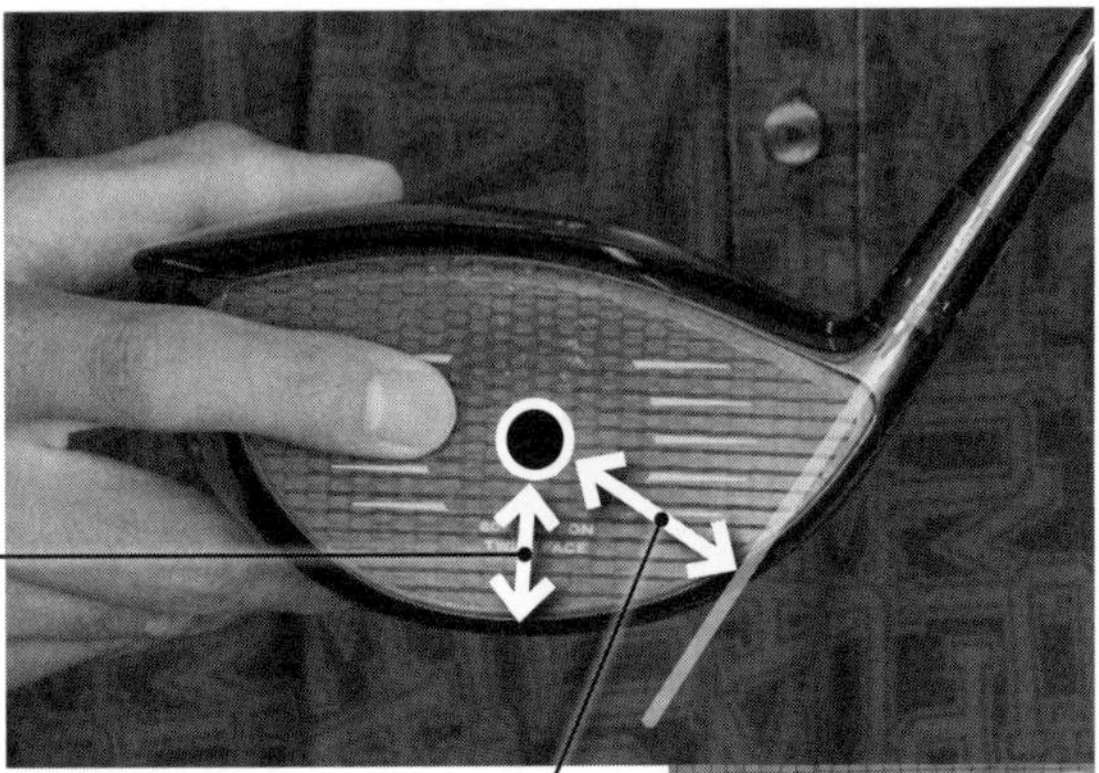

重心距離

重心がシャフト軸から離れたところにある点がバットやラケットとの大きな違い。重心距離はその距離のことで、長いほどシャフト軸を中心にしたヘッドの回転に関する慣性の力（ネック軸回りMOI）が大きい。これが導くのは、シャフトの動かし方（いわゆる「クラブの振り方」）によっては、シャフトに対してヘッドの位置が動いてしまいやすい、つまり、フェースの向きのコントロールが難しくなる

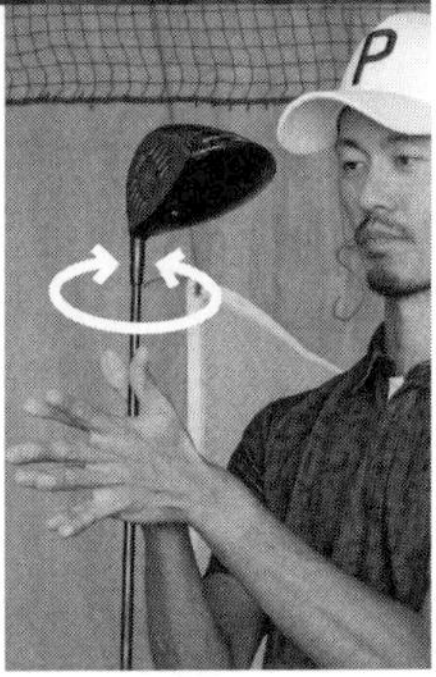

ネック軸回り MOI

重心高さ

ヘッド内部の重心位置からフェース面に垂線を下ろした際の、フェース面との交点がフェース上の重心、または芯とされる。この位置までの高さが重心高さ。フェース上の重心よりも上で打つと打ち出しが高くなると同時にスピンは減り、下で打つと打ち出しが低くなると同時にスピンは増える。どちらもギア効果による。重心が低いクラブのほうがフェース上の重心より上の面積が広くなるため、高打ち出し低スピンで飛距離を伸ばしやすい

※「止まっている場合は止まってい続けようとする、動いている場合は動き続けようとする」のが慣性の力＝MOI（慣性モーメント）

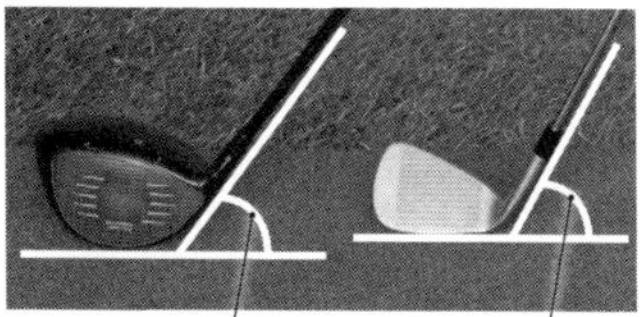

ライ角

シャフトに対してヘッドは角度をつけて装着されている。ソールを地面につけて構えたときの、地面とシャフトの角度がライ角。インパクトの瞬間に、クラブがライ角どおりに使われていることが意図どおりの打球を飛ばすカギの一つ

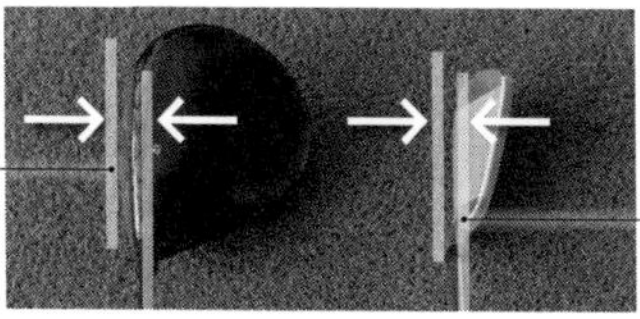

フェースプログレッション
グースネック

シャフト軸線とリーディングエッジの位置のズレをフェースプログレッションという。ウッドの場合はリーディングエッジのほうが目標側に飛び出している距離が大きく、アイアンは小さい。フェースが目標側に飛び出していると、そのぶんだけシャフトよりも早くボールに当たるため球が高くなり、右に出やすくなる。この距離が小さく、シャフトの左側のラインよりもリーディングエッジが目標に対して後ろにある形状をグースネックという。ボールは捕まりやすくなる

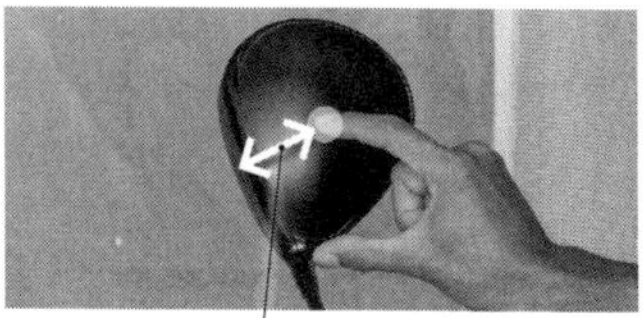

重心深度

重心はフェース面より目標に対して後ろ側（ヘッド内部）にある。その距離が重心深度で、深いほうが、重心を中心にしたヘッドの回転に対する慣性の力（ヘッドMOI）が大きくなる。ヘッドMOIは芯を外して打った際にフェースの向きの乱れを抑える力となる。が、重心深度がより深いと、重心距離、重心角も大きくなるため、フェース面の向きのコントロール自体が難しくなるデメリットも引き出しかねない

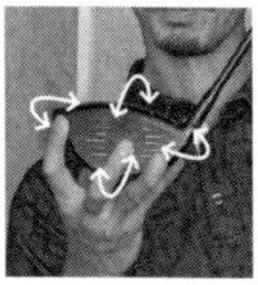
ヘッドMOI

重心角

シャフトで支えると、ネックの真下に重心がくるため、フェース面はある程度上を向く。鉛直方向とフェース面がつくる角度が重心角。水平円錐振り子としてクラブを振る場合、シャフトから重心方向へ遠心力が働くため、重心角のぶんだけフェース面は閉じることになる。つまり重心角の大きい構造は、ボールの捕まえやすさ、ドローボールの打ちやすさにつながる

1－2 》てこの否定

てこの原理で押せば開く。止めると閉じる厄介な性質

「クラブを持ってヘッドをボールに当ててください」というオーダーを受けて、まず最初に思いつくのは、両手をそれぞれ支点と力点にしててこの原理を使った動かし方ではないかと思います。しかし、この「てこの原理で動かす」というのが、クラブの構造をもっとも機能的に使えない方法なのです。大半の人がここでクラブの「言うことの聞かなさ」を体験することとなります。

常に考えなければならない宇宙の法則があります。それが「慣性の法則」です。電車に乗っていて急アクセル、急ブレーキがかかったときに、立っている人がバランスを崩してしまうあの現象も慣性の法則によって起こるものです。慣性の法則とは、現状のスピードや方向を維持しようとする法則ですから、たとえば速度０、つまり止まっているものはそこに止まっていようとするし、速度１００キロで走っているものは１００キロで同じ方向に走り続けようとするということです。

クラブをてこの力で動かそうとするとなぜＮＧなのか。そこに慣性の法則が関わっているためです。**てこの原理でクラブを動かすと、シャフトの先端は大きく動きます。ヘッドに関していうと、シャフトと結合している部分（＝ネック）に急アクセル、急ブレ**

ーキの力がかかり、そこからズレたところにあるヘッドの重心としては、電車に乗っている人と同じように、後ろに取り残されるような形でフェースが開いたり、前につんのめるような形でフェースが閉じたりしてしまうのです。

つまり、切り返しからインパクトにかけててこの原理でヘッドを押し込むように使うと、フェースが強く開く力がかかったままインパクトを迎えてしまうか、それを嫌がって途中で減速させてフェースを閉じさせたり、手首をひねってシャフトにひねりの力をかけてフェースを閉じたりと、フェース面が非常に不安定な構造のスイングになってしまうのです。

クラブヘッドをボールに当てることを考えたとき、てこの原理でヘッドを大きく動かしてボールに当てようとするパターンを思いつきやすい。しかしこの原理でクラブを動かすと、フェースが大きく閉開してしまうなど、ヘッドの挙動を不安定にしてしまう

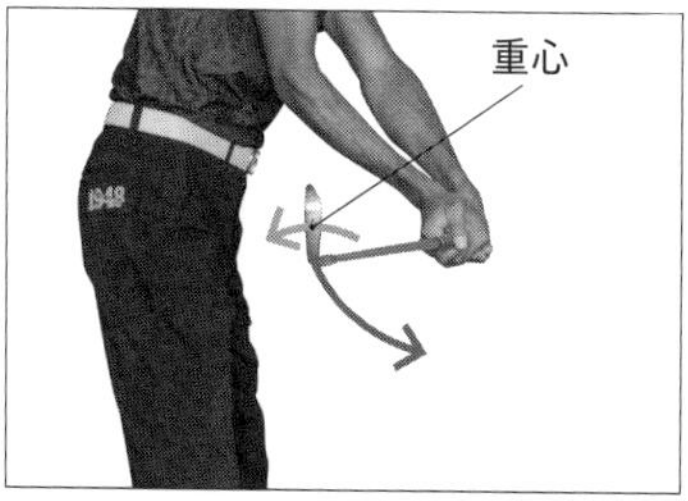

てこの原理でシャフト先端を大きく動かすと、ヘッドにとっては、ネックだけが急加速するため、重心部分は後ろに取り残される、つまりフェースが開いてしまう力がかかることになる

1-3 ≫ 2次元ではない

3Dの道具は3Dで動かす。2Dで使うと暴れる

ゴルフクラブは3D（3次元）構造として考えなければならないと言えます。それに対し、テニスやバドミントンのラケットは2D（2次元）で考えても扱えます。グリップ部分、シャフトの延長線上に重心があり、打面もそれらの延長上にあるからです。2D構造のラケットであれば、どんな振り方をしていてもその軌道に関係なくグリップ部分をひねれば面の向きを素直に変えることができます。平面上（2次元）を往復させるようにストロークしていても、好きな方向に面を向けて振ることができます。

一方、ゴルフクラブは3Dの構造です。フェース面を安定させるには、スイング軌道自体を3D構造にする必要があります。**平面上を往復させるような2Dのスイング構造だと、その平面上にヘッド重心が並んでこようとしてしまいます。平面上にヘッド重心が来るという状態は、フェース面としては開いていることになります。**これではフェース面が前を向く時間は限りなく0に近く、往復運動の両端でフェース面が180度向きを変える間の一瞬だけがフェースがスクエアになる点となります。

いったいどのように動かすとこの3D構造のゴルフクラブのフェース面を長く前に向けられる、いわゆる長いインパクトゾーンをつくることができるのでしょうか。3D構

造のゴルフクラブに合った、３Ｄ構造のスイングを模索していった結果たどり着いたのが、後に詳しく解説していく「スパイラル（螺旋《らせん》）スイング」です。

平面上でクラブを動かそうとすると、重心もその平面に乗ろうとするため、フェース面は開いてしまう

1-4 ≫ 遠心力の役割

遠心力が役立つのは飛距離アップだけではない

ここから少し具体的に物理的な話をしていきます。ゴルフスイングを考えるうえで非常に重要な遠心力についてです。遠心力と聞くと、「遠心力を使って飛ばす！」などと、どちらかというと飛ばすために必要な力と考えている人が多い印象です。しかしこの遠心力をしっかりと理解すると、それがフェース面を前に向け、さらに安定させるための力であることが理解できます。

自転車（二輪車）と車（四輪車）のカーブの仕方の違いというのが、実はゴルフスイングと関連が強いので例に挙げさせていただきます。

四輪の車の場合、どんな初心者でも転ぶことなくカーブを切ることができます。方法は簡単で、単純にハンドルを回してタイヤの向きを変えればいいだけですね。しかし自転車やバイクなどの二輪車はどうでしょう。初心者がいきなり転ぶことなくカーブを切ることができるでしょうか？　自転車のカーブは、厳密に言うとまず曲がりたい方向と反対にハンドルを切ることでバランスをカーブの内側に崩します。そのあとで、ハンドルをカーブの内側に切ると、自転車が曲がり出すわけです。**そうすると、カーブの外側に向かって遠心力が働きます。その遠心力が内側に倒れようとしている力とつりあって、**

バランスを保ちながらカーブを切っていくことができます。

言葉にすると非常にややこしいのですが、慣れてしまえば無意識に見えない遠心力を利用して重心をコントロールし、バランスをとりながら運転しているのですね（人間ってすごいですね）。

これがゴルフスイングとなんの関係が？　と疑問に思う方がほとんどかもしれません。

内側（向かって右）に重心をずらし、倒れようとする力と、カーブを切ることによってその外側（向かって左）に向かって働く遠心力がつりあうと、バランスがとれ、倒れることなく進んでいける

1－5 ≫ 円軌道の意味

円錐振り子における遠心力がフェースを前に向ける

実はゴルフクラブも、カーブを切りながらスイングをしていく、つまりヘッドの動きを**上から見て円形（イントゥイン軌道）につくっていくことができると、遠心力を軌道の外側に発生させながらスイングしていくこととなります。そしてその遠心力がヘッドの重心を軌道の外側に動かす力となります。重心が軌道の外側に行くということは、フェースが前向き（目標方向に向く）になります。遠心力がフェースの向きを安定させる力として働きながらインパクトしていくこととなるのです。**

円錐振り子という運動があります。イメージしやすい例を挙げるならば、遊園地にある空中ブランコや、プロレス技のジャイアントスイング、フィギュアスケートの回転中に少し広がったスカートなど（身近とは言い難い例ばかりですが……）です。

これらの例で、遠心力はどの方向に働いているでしょうか。ゴルフスイング中の遠心力を表すベクトル（矢印）が描かれた図を見ることがありますが、大抵の場合はシャフトの延長線上に向いています。しかし遠心力は必ずしもシャフトの延長線上に働くわけではありません。**円錐振り子運動の遠心力は、その物体が描いている円の外側に働いています。つまりこれをゴルフスイング中のクラブの運動ととらえると、シャフトの延長**

線上ではなく、ネックから外側に向かってヘッド重心を引っ張る力となります。

ヘッド重心が外を向こうとするというのは、言い換えるとフェースが前を向くということになります。厳密に言うと重心角の分だけ左を向くことになります。

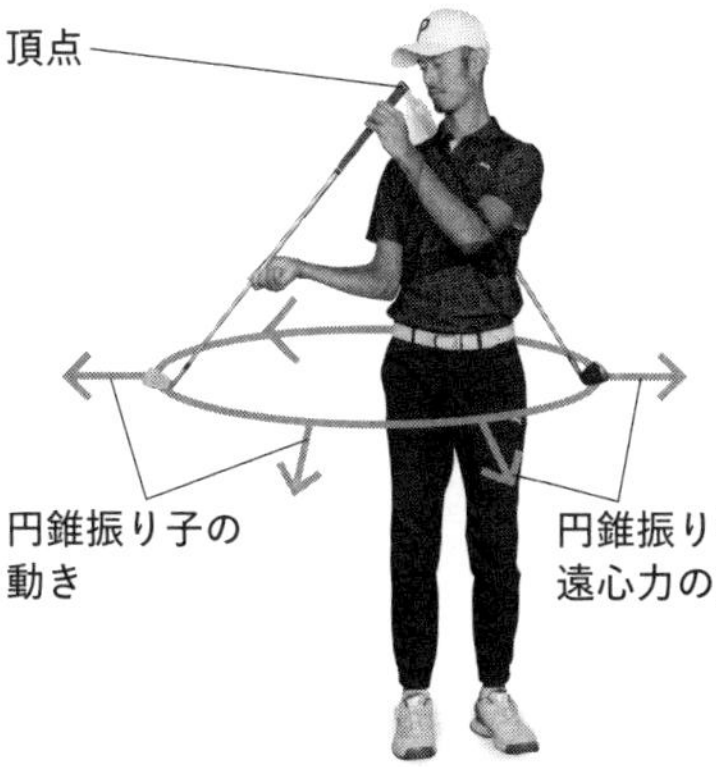

クラブの動きを単なる直線的な往復である振り子ではなく、円錐振り子にする。つまりヘッドで円を描くようにすると、遠心力はシャフトの延長線方向ではなく、ヘッドが描く円の外側に向く。その力がフェース面を前（目標方向）に向けてくれる

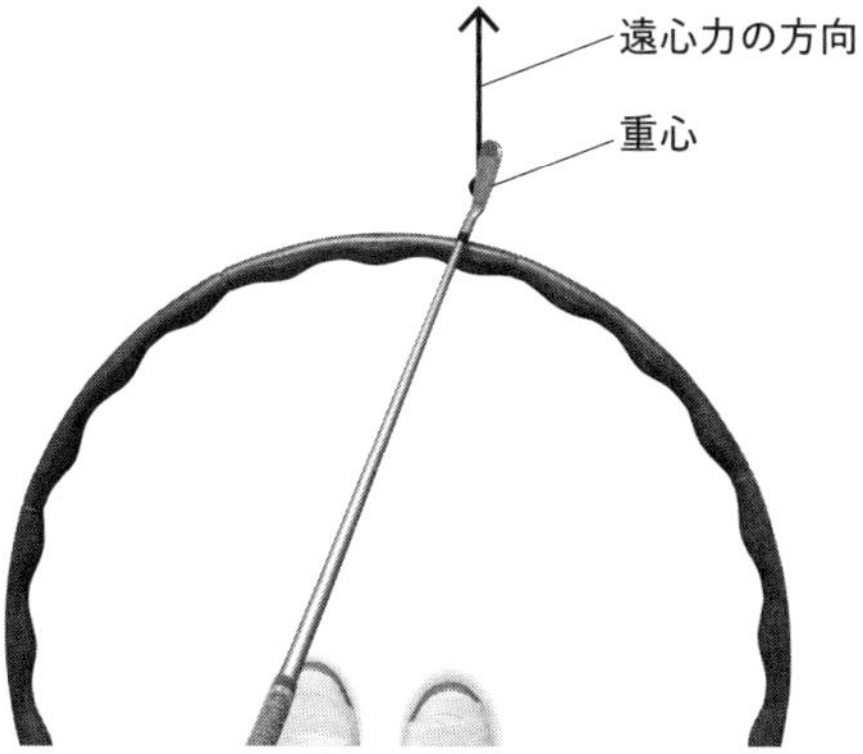

円錐振り子の動きをすることでヘッドが描く円の外側方向に向かって遠心力が働く。重心が外側に引っ張られるためフェースは目標方向を向こうとする

円運動を維持して昇降する「スパイラル（螺《ら》旋《せん》）」

振り子運動や円運動は、物体が平面上で往復したり円を描いたりしているという2Dの運動です（円錐振り子といっても、ヘッドの動き自体は円運動であり、まだ残念ながら2Dなのです）。ゴルフスイングは3Dで振ることが重要であると解説してきましたから、まだ実はなにかが足りない。具体的には、ボールの位置からトップの位置まで上げて下ろす動き。それが螺旋（スパイラル）の運動です。

円を描いている動きにおいて、その中心点を上下させる動きを加えると、螺旋階段を上がる、下がる、といった運動になります。平面の運動にもう一つ高さという運動の軸を追加して3Dにするのです。

ゴルフスイングの軌道を考えるときに、クラブ全体を同じ平面に乗せてヘッドで円を描いているイメージで、その円を斜めにした状態として考えるのか（スイングプレーン上でクラブを振るイメージ）、円錐振り子としてヘッドに円運動させながら、その中心を上下させて螺旋階段を昇降している運動として考えるかによって、似たようなスイング軌道であったとしても、その力学的な運動の中身、ヘッドにかかってくる力というのは大きく異なってきます。

ヘッドにかかってくる力はまさに遠心力ですが、「斜めの円運動」と「螺旋運動」では遠心力の方向が異なっているからです。遠心力の方向についての解説を思い出してください。斜めの円運動であると遠心力はグリップとクラブ重心を結んだ線の延長線上（ほぼシャフトの延長線上）に働きます。螺旋運動の場合は遠心力はその延長線上よりも水平面上に近づきます。この水平面方向への遠心力によってフェースが前を向いてくるということは先述のとおりです。

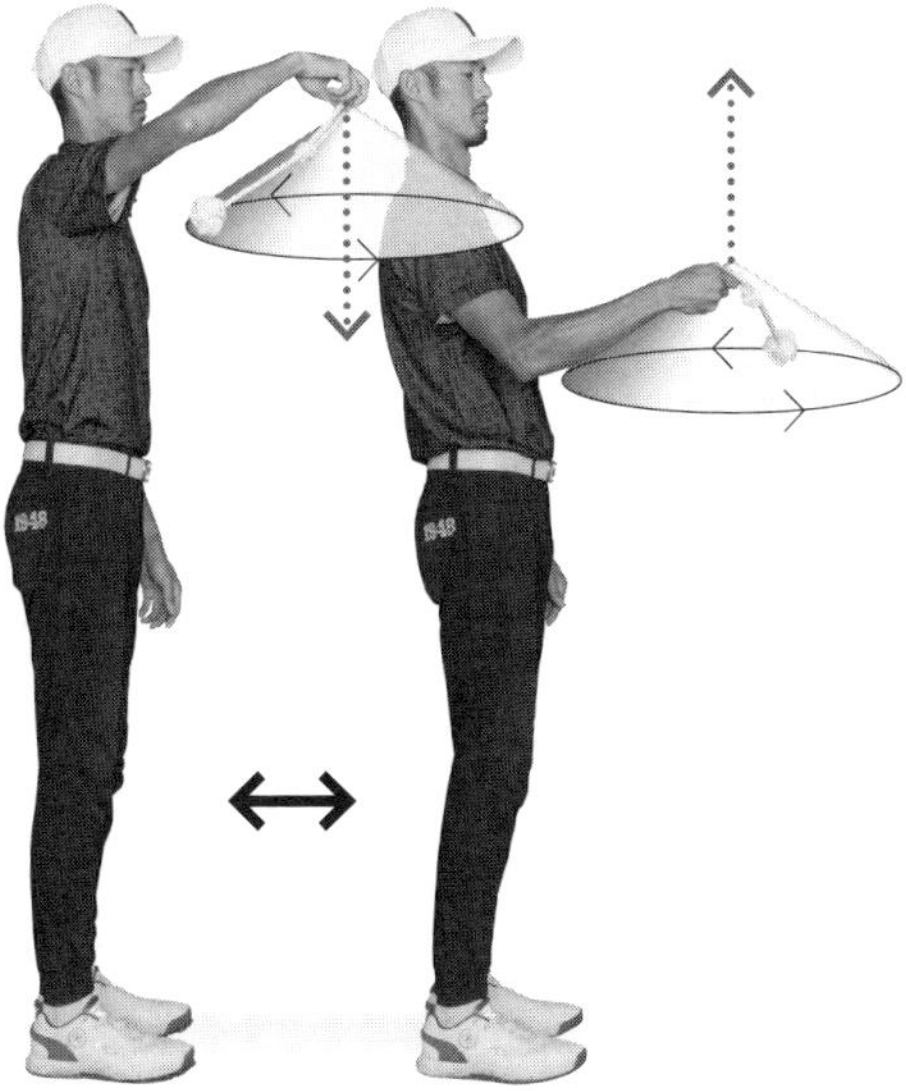

クラブを円錐振り子として振りながら、中心を上下に動かすと、振り子の動きとしては螺旋を描きながら昇降することになる。これが、ゴルフスイング物理学が奨励するスパイラルスイングのイメージ

1−7 ≫ 楕円の螺旋

重心距離は数センチ。限りなく直線的な往復に近い楕円の螺《ら》旋《せん》

と、ここまでスイングは螺旋形の運動ですよと述べてきたわけですが、実際のプロのスイングを見て「螺旋形には到底見えない」と感じる方がほとんどではないでしょうか。

ゴルフクラブの特殊な動きを生んでいるのがL字構造ですが、その重心距離は3〜4センチほどしかありません。つまり、「L」の短辺は長辺に比べごく短く、ほとんどただの真っすぐな棒に近い構造です。仮にヘッドの大きさがシャフトの長さと同じくらいの「シャフト長＝重心距離」という構造であれば螺旋の要素が非常に大きくならざるをえませんが、シャフトが約1メートル、重心距離3センチという構造であれば、そのズレを利用するには小さな螺旋で十分、フェースを前向きに動かす力を生み出せます。

しかし決して螺旋要素が0ではいけない。その微妙なさじ加減が重要なのです。螺旋運動の要素が混ざった円周の往復運動と表現するのが適切かもしれません。

8の字というのも螺旋形の運動になりますが、この8を縦にビヨーンと伸ばしていくと、徐々に直線に近い8になっていきます。ゴルフスイングは、この長く引き伸ばした8の字を斜めにして体の周りに沿わせるというイメージを描いていただければわかりやすいかも知れませんね。

ゴルフクラブの「長辺が１メートル、短辺が３センチ」という独特のＬ字構造に合わせた、細長い螺旋（８の字）を、体の周りで描くのが、フェースがインパクトに合わせて自然に前を向くように動く力を生むスパイラルスイング。８の字の真ん中の交差部分がアドレス＝インパクトになる

シャフトは不用意にしならせたり ねじらずに使うもの

クラブの使い方として、シャフトのしなり・しなり戻りや、ねじり・ねじり戻りという機能を使おうということもよく議論に上がるところです。しかし、しなりやねじれによるクラブの動き方は、力のかかり具合の微妙な変化によって不確定要素として働きかねない懸念を含んでいます。そのため、切り返しで溜め込み、インパクトに向かって解放していくしなりやねじれの力を大きくしようとする試みは、スイングの構造として非常に大きなリスクを抱えたものにしてしまいます。

シャフトをしならせ、そのしなり戻りを使おうとする切り返しというのは、シャフトが上がってきた道と下りていく面が完全に一致して、正面衝突するような切り返しです。つまり、先に述べた2D構造のスイングです。**シャフトを大きくしならせることになりますが、2D構造ではフェースが前を向く力が働きませんので、積極的にシャフトにねじりの力も加えていかなければならないため、インパクトを不安定にしてしまいます。**

これに対し、**3Dの螺旋《らせん》形の運動による切り返しは、むしろシャフトのしなりを減らすような運動となります。ひと筆書き的な軌道となるため、切り返しなどのタイミングで一気にシャフトに負荷がかかったりしないからです。**また、L字構造を利用して遠心力でフェースが前を向くというスイング構造となるため、積極的にシャフトにねじれの力を加えていかなくても成立します。

2D構造のスイングは、切り返しで180度、シャフトが動く方向が変わるため、シャフトに大きな負荷がかかり、大きなしなりを生む。が、フェースを前に向けるためにはねじる力が必要となり、インパクトを不安定にしてしまう

3Dの螺旋形による運動は、「しならせる」「ねじる」という行為を不用意に行うことなく、加速、フェース管理を遠心力に主導させる形となり、シャフトに瞬間的な負荷がかかることを抑え、それゆえ発生する不確定要素となる動きを最小限に抑えていこうというスイングの構造になる

1−9 ≫ 軌道の傾き

クラブはライ角どおりにインパクトするようにできている

ゴルフスイングは「縦振りだ！」「横振りだ！」という議論もあります。しかし、クラブにはライ角というものが設計されており、そのライ角によってつくられるシャフトの角度をインパクトで表現していなければ、設計意図どおりに使うことになりません。つまり、この道具の振り方は、縦でもなく横でもなく、「斜め」であり、ライ角どおりに振るというのが正解です。そして、この「ライ角どおりに振る」ことをどんな力学、力の組み合わせで行うのかという実質的なことについてを議論するべきです。

クラブをグリップエンドで吊るせば、ヘッドは真下に来ます。この状態から、腕の筋力によって無理やりヘッドを持ち上げてシャフトを斜めにし、それを維持して振るというのも、「ライ角どおりに振る」ことになります。しかしこの動きは重心の働きを考えればNGです。持ち上げている状態では、ヘッド重心はシャフトの下に落ちようとしているわけですから、フェースは前を向くどころか真裏を向いていこうとしている状態となります。それを手の力で無理やりフェース面を前に向けることになりますから、非常に不安定な構造です。

ライ角に合ったインパクトも、螺旋《らせん》形の運動であることで論理的に実現できるのです。

円錐振り子を思い出していただきたいのですが、円錐振り子では遠心力は水平方向に働きます。この遠心力によってヘッド重心はシャフト延長線上よりも上に位置しようとします。その力はグリップの位置を押し下げる働きにもなる。つまり、遠心力がクラブをライ角どおりに振ることを助けてくれるわけです。

円錐振り子の遠心力は描いている円の面の延長上に働く。この力によってフェースが前を向こうとするとき、ヘッドはネックを中心に回転し、ヘッドの重心はシャフトの延長線上よりも上に位置しようとする。シャフトは斜めに立ち上がり、グリップエンドは低い位置に押しとどめられる

つぶやき
by
ゴルフスイング
物理学

クラブの「ドローバイアス」とは?

近年、とくにドライバーのうたい文句に「ドローバイアス」という言葉が出てくるようになりました。ドローが出やすい設計で、スライスに悩んでいるゴルファー向けのモデルが「ドローバイアスが大きい」と表現されています。重心角が大、ライ角がアップライト、フェース角が左向き、フェースプログレッションが小（グースが入っているなど）といった特徴があります。

スイング中のクラブの動きを上から見ると、グリップ部分がやや先行した状態でクラブが左回転する運動です。そのため、ボールには基本的に右回転がかかるようになっています。そこに少しのドローバイアスを加えることによって、ストレートやドローボールを打ち出すことができるという仕組みです。そのうえで、ゴルフスイング動作の中にスライス成分を多く持っているゴルファーは、それに応じてさらに大きめのドローバイアスをもつクラブで補えますよ、という発想です。

しかし、なるべくならゴルファー側に起因するスライス要素を減らしていきたいものです。L字構造を有効利用することでスライス成分を減らしたスイング構造をつくり、余分なドローバイアスのないクラブを組み合わせて、効率の良いマッチアップを目指すことをおすすめします。

第2章

ベースとなるスパイラルスイングの修得

2-1 ≫ スイングの必修要素

メカニズム修得と両輪となる感性を養成しておく

ここから螺《ら》旋《せん》形の運動によるスイングを「スパイラルスイング」と表現します。

まず、厳しいことを言うようですが、スパイラルスイングを身につけるには、手順を踏んでいかなければなりません。いきなり目指しても、その向上に必要な原初的な操作感覚が足りず、スムーズに運動を修得していくことができないからです。

ゴルフスイングの中には複雑に絡み合ったさまざまな運動感覚が含まれています。**たとえば、てこの原理を使わずにクラブを加速する感覚。フェース面の向きを重心の位置として手の触覚で感じる感覚などです。**これらの感覚が未発達の状態だと、スパイラルスイングを目指して練習しようにも、形だけを真似してなぞるような運動となってしまい、根本的に物理的な力を利用できなくなります。その結果、無理やりクラブを押さえつけ、支配するように動かそうとしてしまいます。

クラブの扱いが上手というのは、力で握ってクラブを支配的に動かすのではなく、ひもにぶら下げた小さな鉄球をぐるぐる回したりしながら、遠心力などの慣性の力とうまくやりとりをしながら、**クラブと共同作業によってスイングをつくれる状態**のことです。

クラブがどのように動こうとしているかを第1章で理解していただきました。その知識を元にして、スイング中のクラブの動きを感じとって微調整を加えるということを意識しながら、スパイラルの要素を混ぜていくという取り組み方でスパイラルスイングの完成を目指します。

目をつぶって素振りを繰り返すと、体の各部位がどのように動いているか、クラブがどう動きたがっているかを感じやすくなる

クラブの動きに対するセンサーを向上させる

クラブが遅れているのか早く戻ってきているのか、手の軌道より上から落ちてきているのか下から起き上がってくるのか、フェースは開いているのか閉じているのかなどを感じとれるようにする。それが、物理的な力を効果的に利用しながらスパイラルスイングのメカニズムを活用するカギとなる

2-2 » 加速の原理

てこの原理による加速から、慣性を利用した加速へ

スパイラルスイングを身につけるうえで、加速原理を理解しておくことが必要です。

両手を支点・力点にして押す動きと引く動きで加速するのがてこの原理を使った加速の方法です。これに対して**てこを使わずに加速する方法としては、グリップエンドを円形に引く方法があります。わかりやすく言えばなわ跳びのなわを加速させるときに利用している方法です。**手元部分を引っ張って動かし始めたなわの先端は、手元部分を円形に動かし、その円を徐々に小さくしていくと、慣性によって加速します。ですから、てこの原理を利用した加速に対し、なわを回し遠心力を使った加速方法は、「慣性を利用した加速」と言えます。

スパイラルスイングのモデルとしてさらに近いイメージとして、カウボーイが投げ縄を投げる動きを挙げておきましょう。投げなわをボールに向かって投げるイメージになります。ぐるぐるなわの先端を回して加速して遠心力によって縄の張力を発生させておいて、その張力を維持しながら手の位置を下げてなわの先端をボールに衝突させる。慣性を利用した加速を身につけるには、クラブを硬い棒としてではなく、なわやひもとして扱う感覚を身につけておく必要があると言えます。

グリップエンドを円形に引いてダウンスイングすることで、ヘッドは円周から離れていき、加速していく。てこの原理を使っていないため、ネックに力がかからず、フェースの向きを変えないままヘッドを加速できる

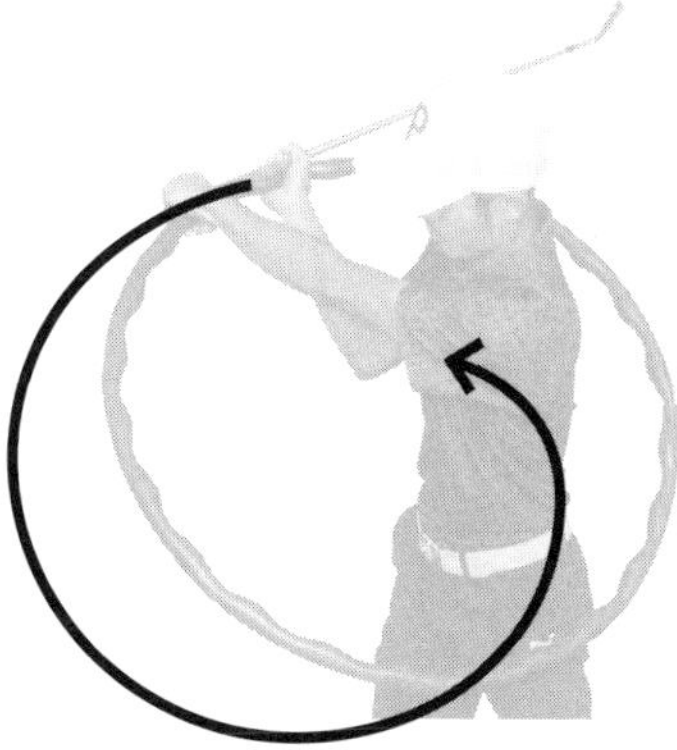

グリップエンドを引っ張って描く円は徐々に半径が小さくなっていくようにすることが加速のポイント

2−3 ≫ 軸と軌道の関係

胸の高さを振る水平スイングがベースとなる

慣性を利用した加速を修得していくにあたり、円形に引く動きについて、ゴルフスイングに応用しやすい方向というものがあります。それが、胸の高さで体の軸に対して垂直の面上で振る方向です。前傾を入れず、体の軸を垂直に立てている状態であれば水平に振ることになりますので、これを「水平スイング」と呼ぶことにします。

水平スイングをベースにつくると、ゴルフスイングがシンプルに応用しやすくなります。すべてのクラブに対して、それぞれの長さに応じて胸の前傾角度と回転方向を変えるだけで対応することができ（ヘッドがボールに届く角度にすれば良い）、腕の動きを変える必要がなくなるからです。

さまざまなスイング理論について「スパイラルスイング、シャロースイングなどの理論が説明する動きは、コース上での傾斜などに対応できるのでしょうか？」と質問されることがあります。こうした理論が説明するのは、クラブをどう動かすかという、スイング構造としての基盤です。この基盤を応用してコース上のさまざまな状況に合わせて活用するわけです。実戦においてカスタマイズのしやすさ、シンプルに対応できるかどうか、これがゴルフを簡単にできるかどうかにかかってきます。そもそものスイング構造が非効率な運動をしていたとすると、カスタマイズするのも難しくなります。しかしスパイラルスイングは先述したように、状況に対してのカスタマイズもごくシンプルなものとなります。

スパイラルスイングのスイング軌道の傾きは、胸の向きによって決まる。胸の回転でできる円盤の先がボールの位置になるようにすることで、自分の体とボールとの間隔とヘッドの軌道が一致し、確実にインパクトできる

長いクラブでは浅めの前傾角度で回転、短いクラブでは深めの前傾角度で回転する。クラブの長さの違いに対する調整はそれ以外には必要ない

2-4 》前傾維持は必然

水平スイングがベースなら前傾角度は自ずと保たれる

水平スイングをベースに前傾という要素を加えてスイングをつくると、ダウンスイングを水平の円錐振り子の動きにしやすくなり、これまでに説明した物理的な力を使えるようになります。

円錐振り子の動きをつくれば、「クラブはライ角どおりにインパクトするようにできている」ことを説明しましたが（1-9）、クラブがライ角どおりと言うことは、手の位置としてはアドレスとほぼ一致することになります。インパクトで、手の位置がアドレスより高くも低くもならないということは、前傾角度もキープされることにつながります。

水平スイングと対照的なスイングが「縦振り」です。体の軸に対して平行の方向に、斧を振り下ろすような動作でクラブを下ろすことになります。これをベースにしたスイングは、ウエッジやショートアイアンまでは同じ使い方で打てるかもしれませんが、より長い番手では、体を反らし、手元を浮かせるような動きを入れていかなければならなくなります。前傾維持ができないことに悩み続けている方がいますが、そもそも体の軸に対してどの方向にクラブを振るかというのがこの問題の本質なのです。**水平スイング**

がベースであれば、前傾は必要不可欠だし、物理的な力も前傾維持を助けてくれます。しかし、縦振りベースであれば前傾を入れればダフってしまう邪魔なものとなりますから、前傾を維持してはいけない状態をつくってしまっていることになるのです。

クラブを縦に振ると、ヘッドがボールの下に潜る方向に慣性が働くため、上体を起き上がらせて手元を浮かせないとボールに当たらない

水平スイングをベースにすると前傾が足りないとボールのはるか上空を空振りしてしまうため、ヘッドをボールに届かせるために必要な分だけ前傾が必然的に入る

2－5 ≫ 右手の役割

右手は「押し手」ではなく「引き手」が正しい使い方

「右手を押し込め」といった表現もよく目にします。しかし**「押し込む」という表現はクラブに対しててこの原理でネックを前に押し出していくような力の方向を想起させてしまいます。ここでは右手は「引き手」であるということを解説していきます。**

「右手を押し込め！」という操作は、左手は「引く」か「静止」しておいて、クラブをてこの原理で動かす力を与えるものです。右手の力で遅れていたヘッドを前方向に進め、とくに、インパクトの力を強めることができそうです。しかし、あくまで「てこ利用」のスイングにしかなりません。

慣性を利用した加速方法の場合、グリップエンドを円形に引くことによって加速させると先述しました。ダウンスイングの始まりから、体を回転させて腕を下ろすことで、グリップエンドは円形に引っ張られていきます。左サイドの動きとしては、従来からよく言われ続けてきた「左サイドでリード」でクラブを引く状態になっています。一方の右手については、左手がグリップエンド方向にクラブを引いていくことをサポートする役割を果たします。つまり右手も「引く」。慣性を利用した加速のために、左手と右手は引っ張る仕事を共同で行うのです。この動きでは、腕とクラブの角度は意識の上では、維持されたままです。ネックに力がかからないため、フェースが開こうとする力が働きません。フェースの向きを維持したままクラブを下ろしていける方法なのです。

「右手を押し込む」という表現は、てこでクラブヘッドを加速する動きの象徴的な力の加え方（上２枚）だが、右手の役割は左手と共同してクラブを引くこと（下２枚）である

2−6 ≫ 右手の使い方

インパクトまでは右手の拳《こぶし》を解放しておく

多くのゴルファーを悩ませる要素として挙げられるのが、「グリップ圧」つまり握る力加減ではないでしょうか。ゆるゆる状態から、力を込めたガチガチの状態までさまざまな議論がなされます。ここでは力加減ではなく、右手の形について触れておきます。それによってご自身に最適なグリップ圧の答えが見つかるかもしれません。

手の形というのは、動きとしてはとても小さいのですが、たとえば指を曲げたり伸ばしたりすると、その動きがダイレクトにクラブの向き、フェースの向きを変えてしまいますから、非常に大きな影響を与えることになります。**写真のようにクラブを体に対して横向きに持った状態で、拳までしっかり握った状態（グーの状態）と、そこから拳の部分を伸ばしていって第二関節から先で引っかかっているような状態とでは、フェースの向きがほぼ90度変化します。**

ＰＧＡ選手の右手の形を見ると、トップからダウンスイング、インパクトにかけてはグーの状態ではなく、拳が少し解放されている（グリップが手のひら側から離れている）状態になっているケースがあります。拳を握らないでいるということは、フェースの向きは閉じることなく、インパクトまでスクエアな状態を維持することができるということです。この状態は、右手でクラブを押し込んでしまう悪い力みを防止することもできますから、二つの意味で理にかなっています。

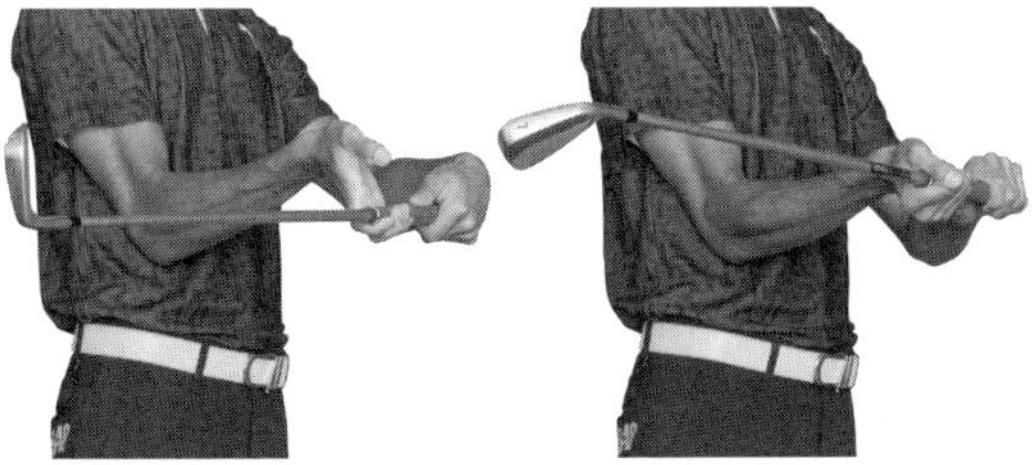

右手の拳を握る（指の付け根の関節を折り曲げる）とフェースは開き（右）、拳を開く（指の付け根の関節を手のひらと一直線にする）とフェースは閉じる（左）

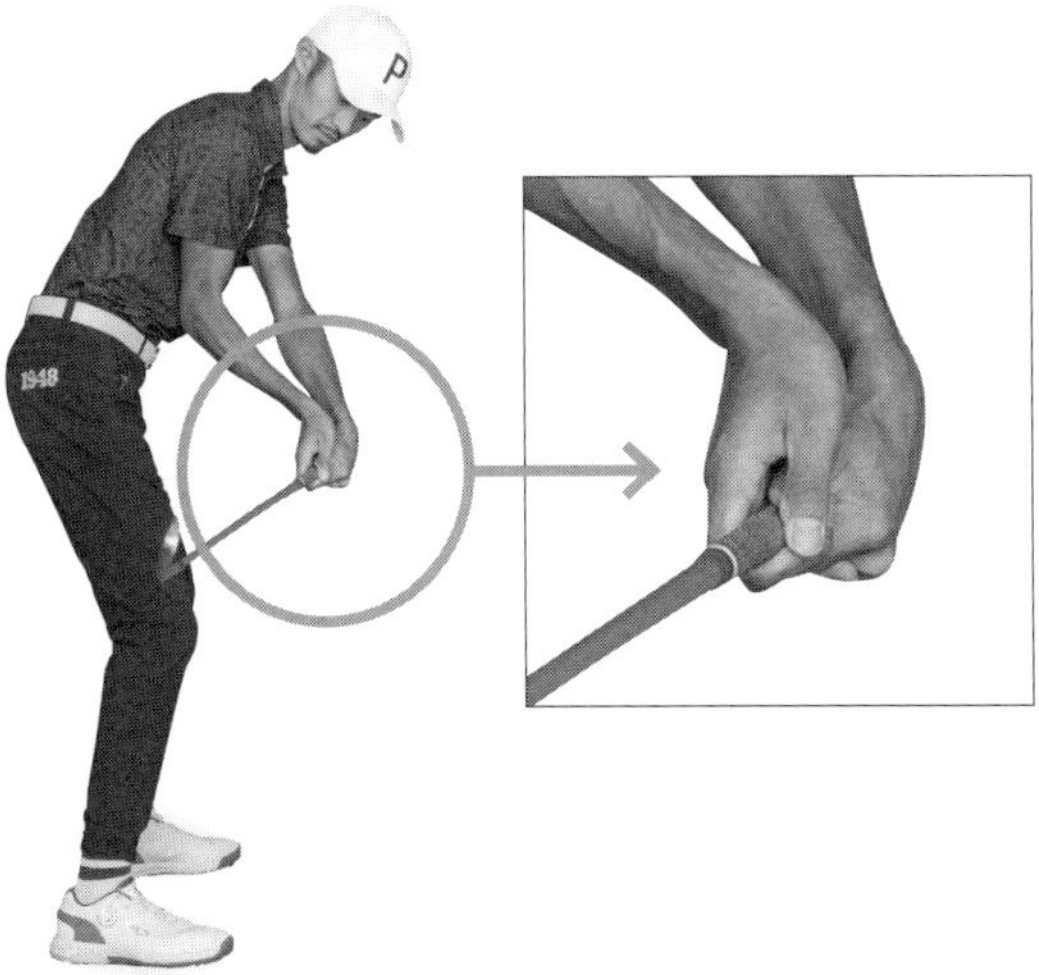

トッププロのスイング写真を見ると、ダウンスイングで右手の付け根の関節は伸びているケースが多い。右手は、指先の関節を折り曲げてクラブを引っかけた状態。フェースが開くことと悪い力みを防止する二つのメリットがある

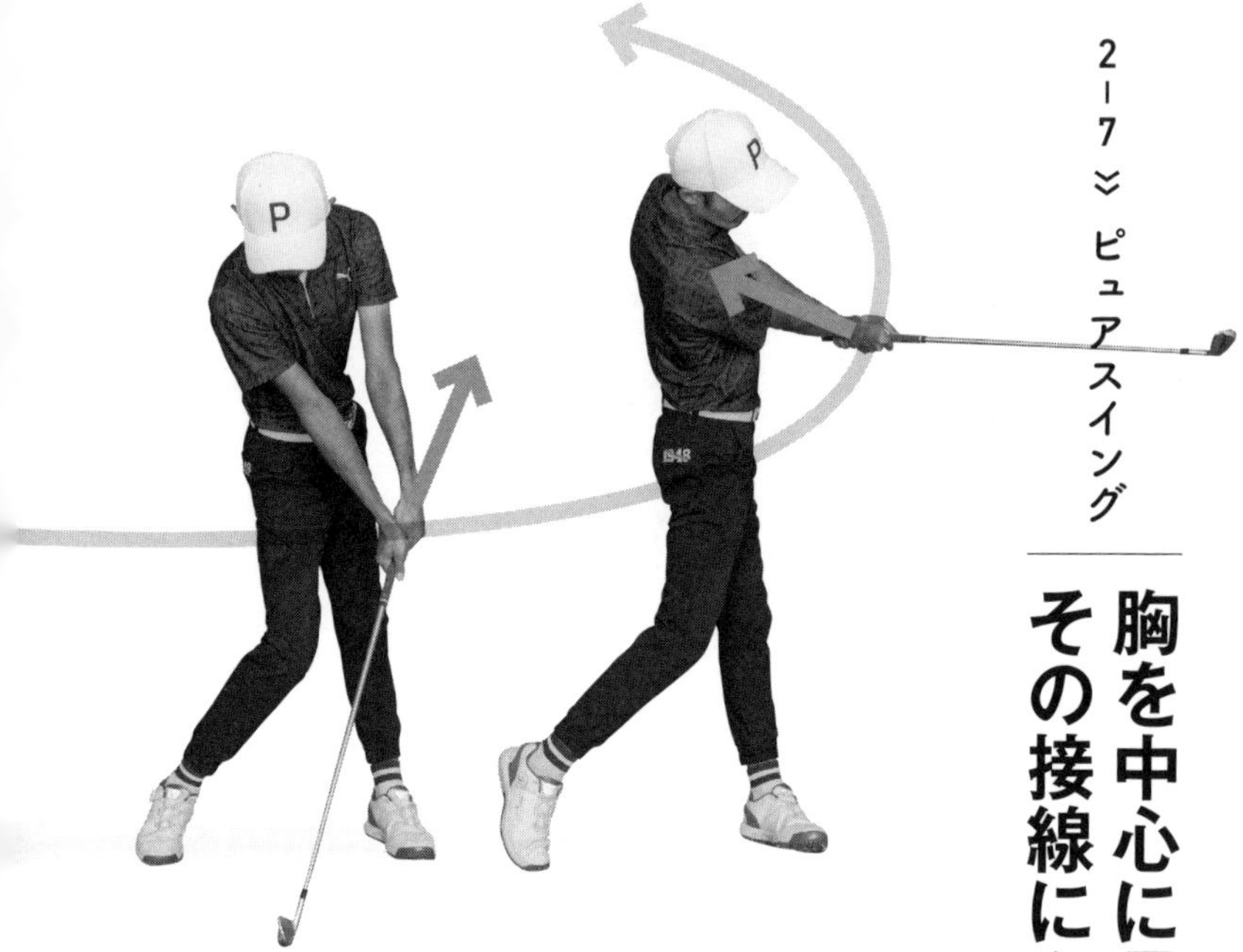

2-7 ≫ ピュアスイング

胸を中心に長い腕で円を描き、その接線にクラブを置く

スパイラルの要素を入れずにスイングをする「ピュアスイング」をまずは完成させていきます。**ピュアスイングのモデルは、胸を中心に長い腕で円を描き、その接線にクラブを置き続けるイメージでスイングをしていくもの**です。ダウンスイングの途中から慣性の力（遠心力）によって腕とクラブの間の角度（アーム角）が徐々に解けていき、さらにフォローサイドでクラブが回転するという、前腕の筋肉を使ってリリースさせるのではなく、慣性の力でリリースが発生する現象を利用したスイングです。

地図上でお寺を表す「卍」のマークを

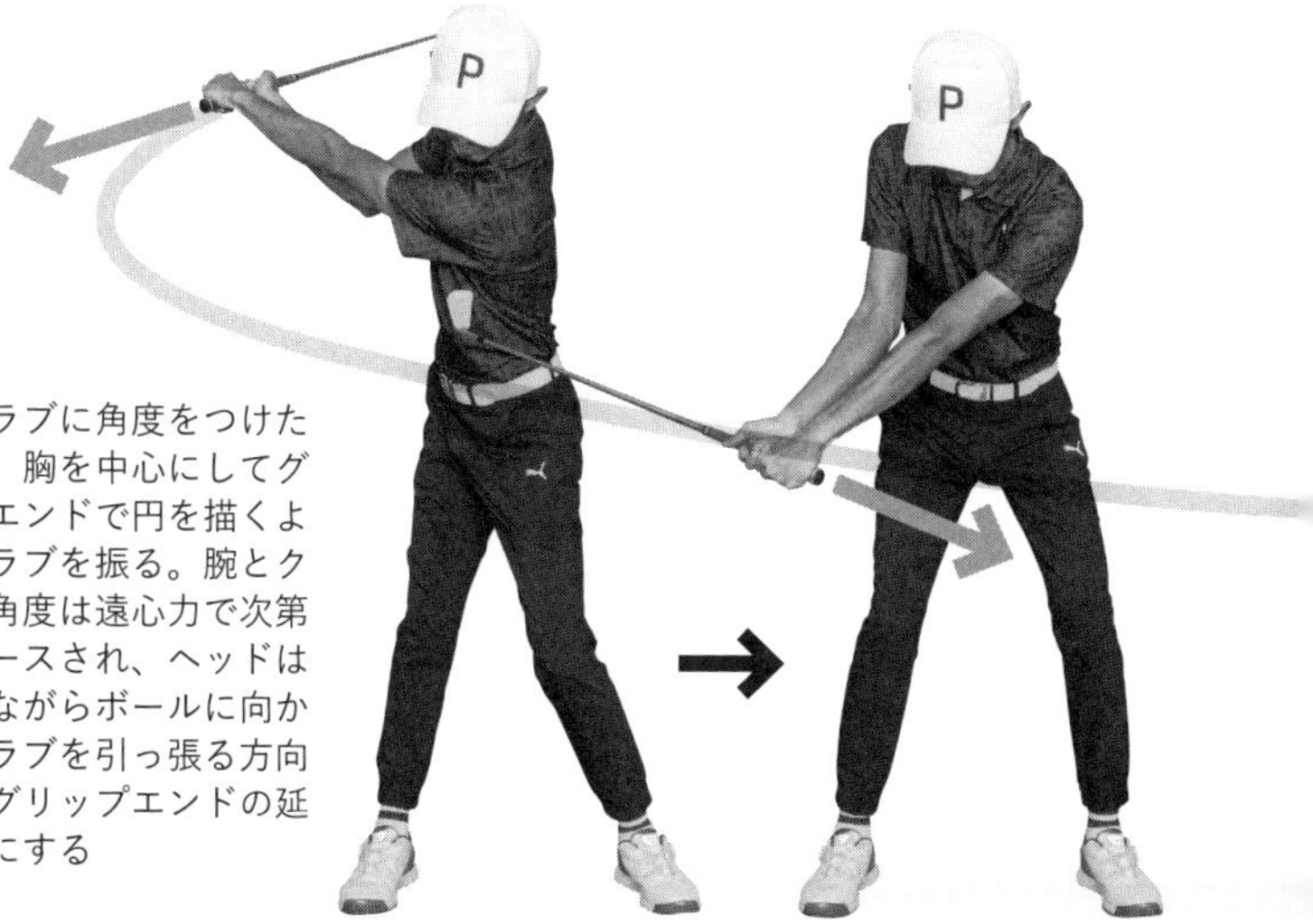

腕とクラブに角度をつけた状態で、胸を中心にしてグリップエンドで円を描くようにクラブを振る。腕とクラブの角度は遠心力で次第にリリースされ、ヘッドは加速しながらボールに向かう。クラブを引っ張る方向は終始グリップエンドの延長方向にする

イメージするとわかりやすいと思います。胸の前に両手を伸ばし、腕と直角に、右向きにクラブを持ちます。そしてその直角を維持したままバックスイング、トップ、ダウン、インパクトとイメージしていきます。

　イメージしやすいように、まず「水平スイング」で動きを確かめ、その後、ボールにクラブが向かってくれるように斜めに卍を回していく動きに移行してください。ゆっくりと動かすと遠心力がかかりませんから、この卍は維持された形となり、ボールのはるか上を空振りすることとなります。しかし、グリップスピードを上げていくと、強い遠心力がかかることで卍の直角は解かれて、クラブがボールに届いていく形になります。

2-8 » ステップ1 スパイラルの導入

ピュアスイングにスパイラル要素を少しだけ混ぜる

ピュアスイングは、クラブを振る動きとしては完成に近いとは言えます。しかし、完全な平面上の動きではクラブのL字構造に反した動きとなり、フェースがインパクトゾーンで安定して前を向いてきません。ここに重心のズレ分の螺《ら》旋《せん》要素をほんの少しだけ加えると、スパイラルスイングとしてのおおよそのスイング構造は完成へと向かいます。

究極のピュアスイング（螺旋の要素がまったくない往復運動）ではL字を生かしたスイングができないわけですが、平面のスイングとなればミートさせることは簡単になります。逆に螺旋の要素を増やしすぎると3次元的にクラブが動くデメリットとして、ミートさせることが難しくなります。スパイラルの要素は必要ですが、それは大きすぎると良くないということを頭に入れて、**ピュアスイングに少しだけ混ぜるという感覚をもっておくことが大切です。**

最低必要なのは、シャフトから重心までの距離の分だけ基準となる回転面から離すことです。それより少し大きめの螺旋をつくれば、どのように物理的な力が働いてクラブを動かしてくれるのかを確かめやすいと思います。その後、その感覚がなくならない程度に、次第に螺旋を小さくしていけば良いということになります。

基準となる回転面（手が動く軌道が乗っている面）よりも上を通してバックスイングし、ループを描くようにしてダウンスイングの始まりのときには、その面よりも下にくる

2-9 》 ステップ2 スパイラルの感覚

野球のバッティングは本来効率的になりやすい

野球のバッティングは、基本的に螺旋《らせん》の要素を入れて水平に振るというスイング構造になりやすいため、練習やスイングのトレーニングとしておすすめです。昔はよく「バッティングをするとゴルフスイングが崩れる」と言われていたようですが、それはバッティングのスタイル自体が「バットを立てたまま最短距離で上から叩いてゴロを打て！」と言われていた時代の話です。

現代のプロ野球を見れば、上から叩いてゴロを打とうとしている選手はほとんどいません。ＹｏｕＴｕｂｅ等でプロ野球選手たちのさまざまなバッティング理論を見ることができますが、いかにボールの軌跡に合ったややアッパーのレベルスイングでインパクトゾーンを長くするか、と説明する選手が増えました。イメージでは上から叩くと表現している選手であっても、実際のスイングを見るとレベルスイングかややアッパーの軌道でボールを捕らえていることがわかります。

彼らのスイングにおいて、バットの軌道はどうなっているかと言えば、構えた段階ではバットを立てていて、テイクバックでは少し内側にヘッドが倒れるような動きが入り、その後インパクトに向かっては螺旋上にヘッドが動きながらレベルスイング軌道に入っ

野球のバットを振る動きは、螺旋の動きになりやすい。野球のバットを繰り返し振って、螺旋に動く感覚をつかみ、ゴルフクラブのスイングの中に取り入れてほしい

ていきます。

　このような軌道になるのは、バットの構造にも理由があります。なんといってもグリップエンド部分がボコッと凸状になっており、下にくる手の小指や薬指をこの凸部に引っ掛けることによって、強く握り込まなくてもバットが飛んで行かずに済むようになっている点です。この構造のため、ゴルフクラブよりも切り返し以降、グリップエンド方向に引っ張り続けるスイングを身につけやすい構造となっているのです。

　現代のバッティングであれば、ゴルフスイングの練習やトレーニングとして、螺旋の構造で水平に振る感覚を身につけるために役立つものとなり得るため、是非取り入れることをおすすめします。

2-10 ≫ ステップ3 バックスイングの工夫

バックスイングで少しだけシャフトを立てて螺《ら》旋《せん》軌道にする

螺旋の要素を入れるために重要なことは、バックスイングで少しだけシャフトを立てることです。切り返し周辺で、手とヘッドの位置関係がどのようになっているかで、その後ヘッドがどの方向に回転するかが変化していきます。

マラソン大会の折り返し地点をイメージしていただくとわかりやすいです。折り返し地点に大きなコーンが立っていて、ランナーがその周りを回って折り返していくシーンと、切り返しのヘッドの動きは似ています。

手（グリップ部分）の切り返しと、ヘッドの切り返しは少し時間差があります。手の切り返しが起こるタイミングで、その手が往復しているラインに対して、ヘッドが上にあるのか下にあるのか。それによってヘッドが折り返し点の周りを時計回りに折り返すか半時計回りに折り返すかが決まります。これがダウンスイング以降の螺旋の方向を決めてしまうため、切り返し時点でのヘッドの位置というのが非常に重要になるわけです。

ピュアスイングの状態から、バックスイング時に少しだけシャフトを立てると、手が往復していくラインに対してヘッドが上側にズレることになります。このズレがある状態でクラブ全体を往復させると、手の切り返しの後、ヘッドは一瞬下側にズレてから、

①バックスイングで少しクラブを立てる。両手の親指方向へ手首を折ることでクラブが立っている。立てた状態は、ヘッドが、手の往復する軌道の延長線上の上にある

②①の状態からダウンスイングの手の動きをスタートすると、ヘッドはいったん、手の軌道の延長線上の下に下りる。この動きをつくっているのは慣性

③いったん手の軌道の下に下りたヘッドは、水平に近い円錐振り子の動きとなってインパクトゾーンへ入ってくる

インパクトに向かってまた浮き上がってくるような波を描きます。この波が螺旋となり、平面のピュアスイングから3次元的なスパイラルスイングに進化するのです。

2-11 »

ステップ4

トップまでの注意点

バックスイングでヘッドを走らせるとスパイラルは破綻する

螺旋《らせん》の要素を入れたスパイラルスイングを目指すためには、トップ周辺でのヘッドの位置が重要であることは前項で述べたとおりです。つまり切り返しまでのスイングの前半では、ある程度ヘッドの位置をコントロールできていることが大切なのです。

飛ばそうと意識して、勢いよくバックスイングしてヘッドを走らせすぎてしまうと、ヘッドに大きな慣性の力をもたせてしまい、ヘッドがあらぬ方向（多くの場合早期にシャフトが寝てしまう方向）へ行ってしまうことが見られます。

手を切り返すタイミングでヘッドが手の往復する軌道の延長線上よりも下にあると、手が下に下りていくにしたがって、ヘッドは軌道の上側に上がってきます。これによってその後のクラブの動きが反対向き（自分から見て反時計回り）の螺旋運動を起こしてしまい、寝た状態で上がって来たクラブが切り返し後に立って下りる、つまりアウトサイドからのカット軌道になってしまいます。または、トップで大きくシャフトクロスの状態になってからダウンスイングの後半でヘッドが手の往復軌道より下に一気に落ちてインサイドからインパクトに向かう、いわゆるあおり打つ動きが頻発します。

バックスイングではなるべくヘッド位置をコントロールできるように、少しグリップ

圧を高めに握ります。そしてヘッドを走らせすぎないように気をつけながら、とくにバックスイングの前半は「じわっ」と上げていく意識がポイントとなります。

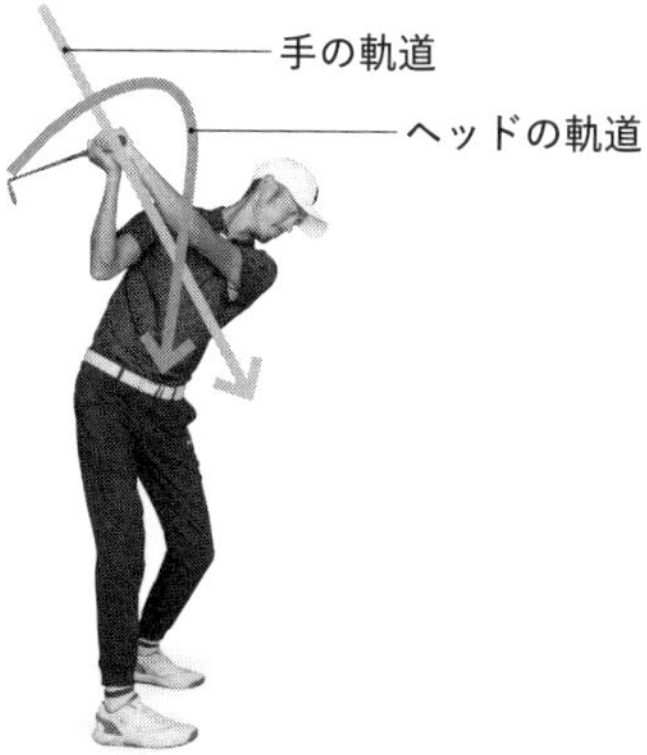

手を切り返すタイミングで、ヘッドが手の往復する軌道よりも下にあると、ダウンスイングの始まりでヘッドは、軌道よりも上に上がってくる螺旋軌道を描くため、アウトサイド・インのスイングになる

バックスイングでヘッドを加速しすぎてコントロールできなくなると、勢いでヘッドは手の往復する軌道の延長上に達する。その状態でダウンスイングを始めると、ヘッドは手の軌道の延長上をフェースが開いた状態のまま下りてくることになり、フェースを閉じる動きが必要となる

2-12 ≫ ステップ5 おすすめの始動法

バックスイングを安定させるフォワードプレスの動き

バックスイングでヘッドが手に対して遅れている形、つまりハンドレイトの状態でクラブを引いていくと、トップに向かってクラブが反転して跳ね上がるように走ってしまいます。バックスイングでヘッドの位置をコントロールできなくなるエラーを防ぐ有効な手段として、アドレスをハンドファーストの形で構える、またはフォワードプレスをする（始動の前にいったん手を前に出してハンドファーストの状態に導く）ことをおすすめします。ヘッドから上げていく感覚、またはヘッドと手が等速で上がっていく感覚になり、ヘッドだけが加速して暴れるエラーが起きなくなります。

クラブが最も安定して動く形は、バックスイングではヘッドから上げてグリップをついてこさせ、ダウンスイングでは手で引っ張ることでグリップから下ろす形です。

ハンドファーストの状態からヘッドの方向に突き上げるようにバックスイングをし、ダウンスイングではグリップエンドから引いて下ろす。その動きをベースにピュアスイングをまず完成させます。その動きを身につけたら、バックスイング途中でほんの少しだけシャフトを立てることで螺旋《らせん》の要素を加える。この手順でL字の構造を有効利用し、安定したインパクトを繰り返せるスイングができあがります。

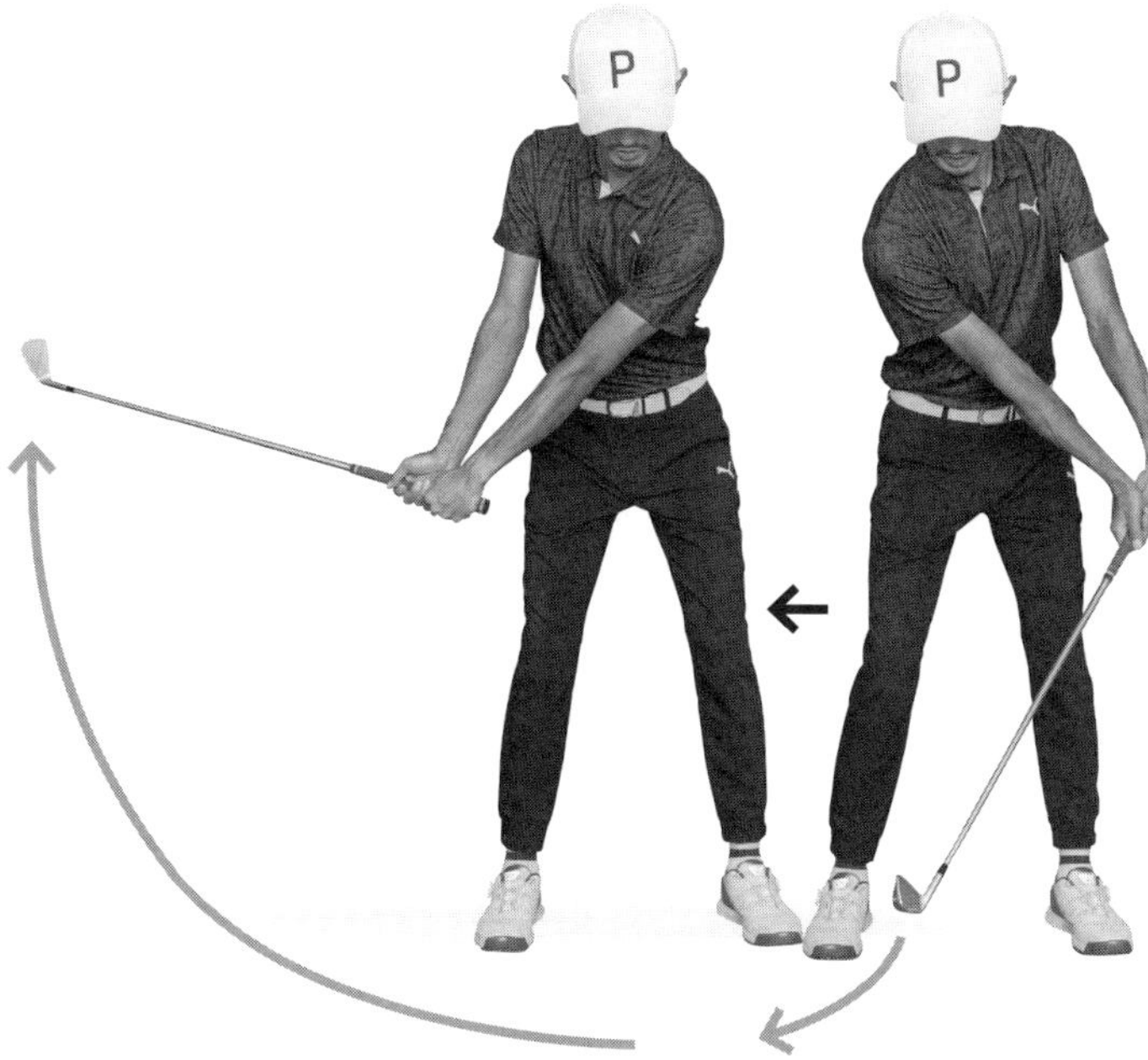

フォワードプレスによってハンドファーストの形をつくり、ヘッドを突き出すようにしてバックスイングを上げていく。最初は斜め下向きの力の出し方だが、体の回転によってヘッドは上がっていくので「突き上げる」という表現になる。写真はかなり大げさに動いている

つぶやき
by
ゴルフスイング
物理学

主観と客観で回転方向は異なる

「ゴルフスイングは右回りだ」「後ろ回りだ」「○○回りだ」と、回転を表現する言葉が飛び交っていますが、回転というのは「どこから見た○○回転」と表現しなければおかしなことになってしまいます。車のタイヤを例に解説すると、車が前に走っているときはタイヤは前回転をしていると表現できると思います。では運転手から見た場合、左右のタイヤはどの方向に回転しているでしょうか？　右のタイヤは反時計回りしていて、左側のタイヤは時計回りに見えるはずです。どこから見るかによって、回転の方向を表す言葉は正反対になったりしてしまうのです。

スパイラルスイングとして本書で説明している動きは、右打ちの場合「天井から見て左回転を維持した螺旋形の運動」です。これと同じ動きを、例に挙げたタイヤの見え方と同様にゴルファー主観で表現すると、「始動を自分から見て反時計回りに動かすと、切り返しではクラブが時計回りに動き、インパクトが反時計回りに動く」となってしまいます。しかしこれを天井から見れば、始動で決めた回転方向によって、その後も一貫して同じ方向で回転しているだけなのです。余談になりますが、そう考えると、いかに始動で失敗しないかが大きな課題であることもわかります。

第3章

弾道の傾向からスイングを分析し調整する

3－1 》自己分析力

スイングづくりと並行して弾道調整を練習しよう

さまざまなスイング理論や〇〇打法のようなものが次々と発表されます。しかし、それらはスイングの形（フォーム）やイメージの話であることが多く、ボールをターゲットに運ぶための弾道、つまり打ち出しの方向やその後の曲がり量を決めるスピンコントロールと結びついていないケースが多いという印象があります。

本書では、結果が安定するスパイラルスイングの習得と並行して、スイングのさまざまな要素、たとえばトップの高さ、手首などの関節の角度、グリップの握り方、体軸の傾け方などが、弾道に対してどのような影響を及ぼすと考えられるのかを整理して説明します。それらを学んでいくことによって**自分自身の打ち出したボールを見ながら、どの要素をどう変化させると理想的な弾道にコントロールすることができるのかを計算し、精度高く、状況に応じた弾道を打ち分けられるようになっていきます。逆に弾道を見て、自分のスイングがどうなっているのかを見抜くことができるようになり、スコアアップに非常に重要な、コース上での修正能力の向上にも役立ちます。**

スイング理論や打法というのは、それを身につけたとしても、コースの状況下で自分の思い描く弾道を打ち出すためのものになっていなければまったく意味がありません。

そうしたことができる能力を身につけ、レベルの高いゴルファーを目指していっていただくための情報をお届けしていきます。

打ち出したボールの飛び出した方向と曲がり方を見ることで、それを打ったスイングがどのようなものであったかを推測する。そしてそれを元に自分の動きが意図とどのようにズレがあったかを判断し、調整する。その精度を高めておくことがスイングのレベルアップにもスコアアップにもつながる

3-2 ≫ 真っすぐの意味

ストレートを打つ練習だけだと成功は〝偶然〟のまま

ボールを曲げることを目的とした練習をしているゴルファーは全体のどのくらいの割合でしょうか？　おそらく10パーセントにも満たないと思います。ボールを意図的に曲げることは上級者だけの技術であると思っている方が多いのではないでしょうか。

ここではっきりとお伝えしたいことは、**ボールが打てる（フェースにボールが当たって少しでも前に飛ぶ）ようになったら、なるべく早くボールを曲げる練習を始めていただきたい**ということです。ボールを曲げることは上級者の技術という意識の裏には、そのレベルに達するには、まず「真っすぐ打つという基本」を身につけることが必要だという思い込みがあるのだと思います。しかし、ストレートボールを打つことは基本でもなんでもなく、スライスとフックの「要素」がまったく同じだけ混ざったスイングであるにすぎない、つまり「同じだけ」という難しい調整を施すことに成功した、最も難しい技術であるということに早く気づいてほしいのです。

ゴルフスイングはさまざまな要素が絡み合ってできています。フェースを開きすぎず、閉じすぎず、内側から打ちすぎず、外から打ちすぎず……。それらをすべて「良い塩《あん》梅《ばい》」で組み合わせてはじめてストレートボールが打てる。そんな難しいことを初～中級者に求めるのはものすごく難しいことです。

フックを打つならフェースを思い切り閉じれば誰でも打てます。スライスならその逆です。それには塩梅はありませんから、とにかく思い切りやれば良いだけです。**ボールを曲げるのは簡単です。まずはそれを意図して確実にできるようにする。そして、そこから「少しだけ曲げる」とか、塩梅を調整する段階に入ると難しくなります。**つまり技術を簡単な順に並べると、

大きく曲げる　→　小さく曲げる　→　ストレートボールを打つ

となります。それなのにほとんどのゴルファーが何も考えずにストレートボールを打つ練習だけをして、何をすれば曲がるのか、何をすると曲がりが小さくなるのか、何をすると反対に曲がるのか、という実験をせずになんとなく練習しているにすぎないのです。

そんな中でたまたまストレートボールが飛び出したとしても、意図的にスピンコントロールをしたわけでないので、再現性は当然ありませんから、次はまたどっちへ曲がるかわからない。それをただ続けているだけ。**弾道をコントロールする練習の中で、それが結果としてスイングの精度や再現性を高めることにつながっていくという意識をして、最も簡単な「大きく曲げる練習」から取り組んでいただきたい**と思います。

3-3 ≫ 球を曲げる理屈

Dプレーンと新飛球法則を理解せずに練習するのは無意味

Dプレーン、新飛球法則というゴルフの基本をご存知でしょうか。その名前を知らなかったとしても、クラブパス、フェースアングル、フェーストゥパスと聞いてちゃんとそれを説明できれば、その内容は理解されているので、問題はありません。しかし、これらの知識がないとすると、残念ながら今やっている練習は無意味と言っても過言ではありません。**それらは「なぜボールが曲がるのか」「どのような条件でどの方向に曲がるのか」という原理にあたる理屈になります。知らないということは、理由もわからずたまたま真っすぐ飛んだ打ち方を思い出しながら適当に練習しているというような状態です。**

何をどうしたら、どの方向に打ち出されてどの方向に曲がるのか、という基本原理をしっかり理解したうえで、練習やコース上でも実際に打ち出されたボールを見ながら、「今、自分のスイングはこうだったんだな」と的確な反省をしながら進んでいくことができなければ、正しい修正を行うことはできず、本当に真っ暗なトンネルの中を、文字どおり闇雲に進んでいかなければなりませんから、遠回りどころか目的地にたどり着くことも運次第でしょう。

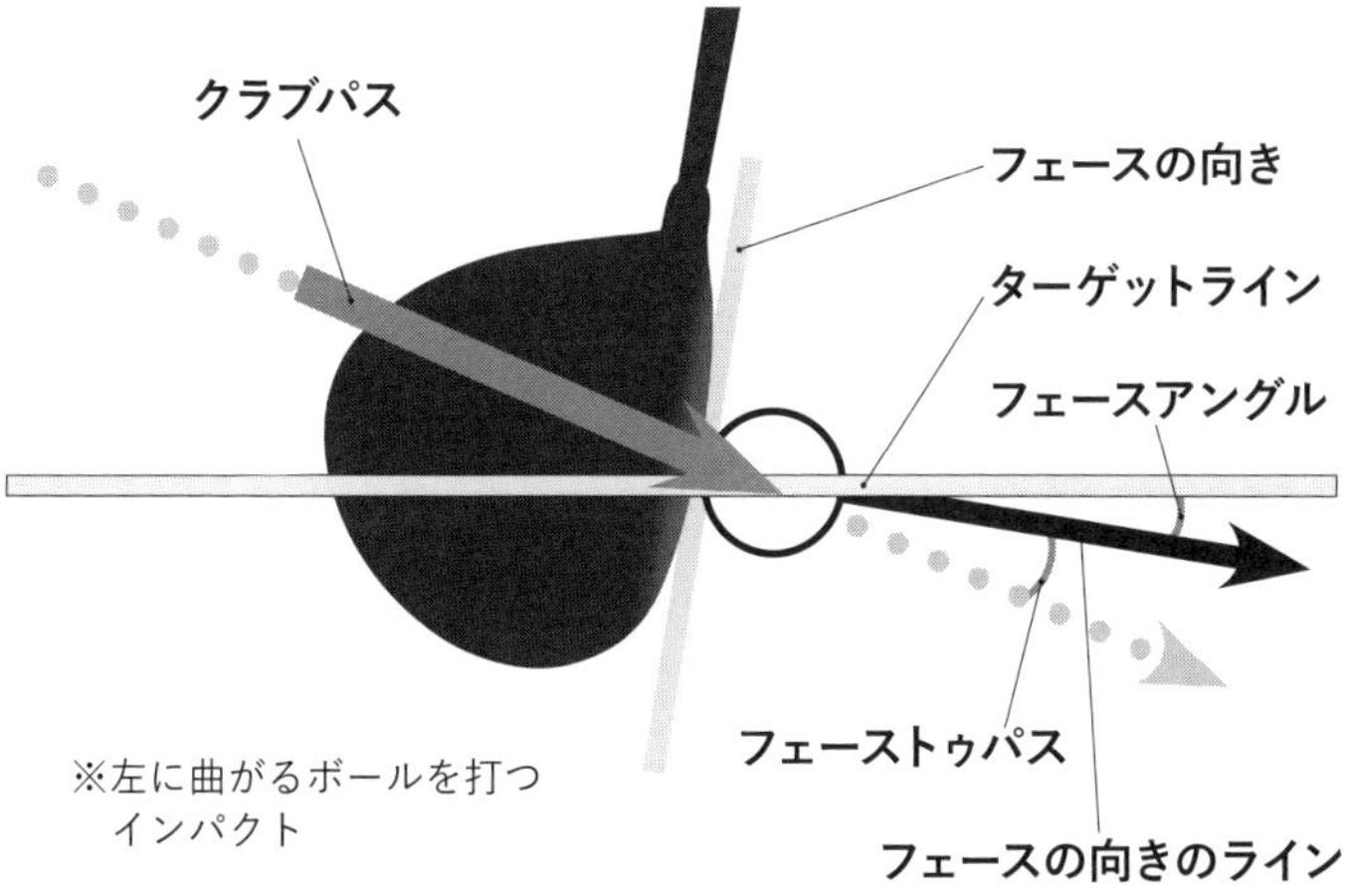

ここではその原理を理解していただき、自分のスイングがどうなってしまっているのかを正しく自己判断し、スイング修正の方向性を決められるようになっていただきたいと思います。まず理解していただきたいキーワードは先に挙げた三つ。「クラブパス」「フェースアングル」「フェーストゥパス」です。

クラブパス

インパクトまでのクラブの動き

フェースアングル

インパクトの瞬間の、ターゲットラインに対するフェースの向き

フェーストゥパス

インパクトの瞬間の、クラブパスに対するフェースの向き

3-4 ≫ 出球と曲げ方の理論

打ち出した方向はフェースの向きを示している

ご存じの方には無用の説明だとは思いますが、ここで新飛球法則と呼ばれる「ボールの飛び方についての原理」をまとめておきます。「新」飛球法則と呼ばれるのは、これの登場以前には常識とされていた「（旧）飛球法則」があったからですが、（旧）法則は次のように言われていました。

1、打球が飛び出す方向は、スイング軌道で決まる
2、打球の曲がり方は、インパクト時のフェースの向きで決まる

では、新飛球法則は？　というと、

1、打球が飛び出す方向は、インパクト時のフェースの向きで決まる
2、打球の曲がり方と曲がり幅は、インパクト時のフェースの向きとクラブが動く方向（クラブパス）との差（フェーストゥパス）で決まる

左ページの図の場合、クラブパスの向きに対してフェースは右を向いている。そのためボールは右に曲がります。

注意していただきたいのは「クラブが動く方向」という要素です。（旧）法則では、インサイド・アウトやアウトサイド・インといったスイング軌道で説明されていました。

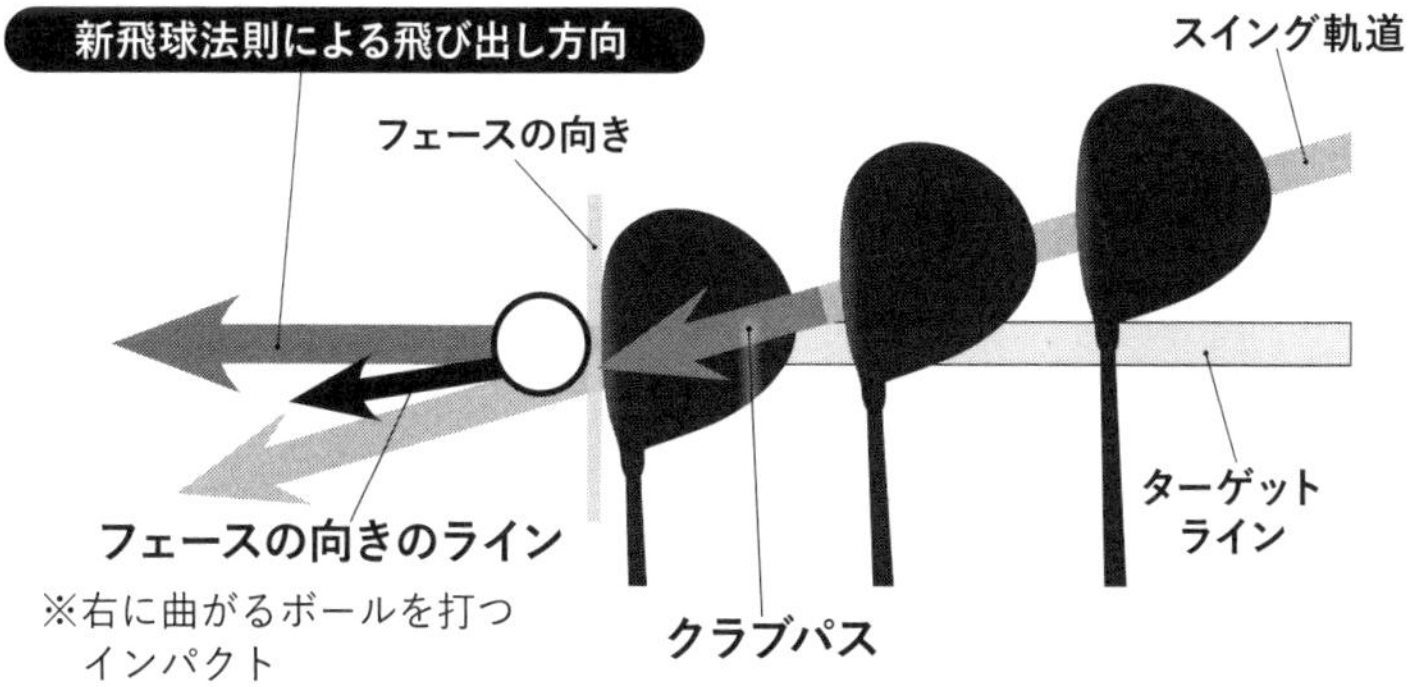

打球が飛び出す方向はインパクト時のフェースの向きで決まる。つまり、打球結果を見て、その打ち出し方向から、フェースの向きを分析できる

打球の曲がり方は、フェーストゥパスで決まる。つまり、打球結果を見て、その曲がり方から（打ち出し方向からフェースの向きがわかっているため）クラブパスが分析できる

しかし新法則ではクラブパス（インパクト直前のクラブの動き）という表現に変わっています。以前はクラブの動きをスイング全体で考えていたのが、現在はインパクトの瞬間だけを問題にしているという違いです。打球結果に影響を与えるのはインパクトの瞬間の動きだからです。

もう一つ補足しておくと、「打球が飛び出す方向」について、フェースの向きそのままに出て行くわけではないとも説明されています。

ドライバー　約80％
アイアン　約75％

新飛球法則では、フェースの向きに対して上記のパーセンテージで方向が決まると、データに基づいて結論づけられています。

3-5 》 球を回転させる理屈

Dプレーンを理解すれば球の曲がり方、曲げ方がわかる

新飛球法則を説明する際によく使われるのが、Dプレーンという概念です。これを理解していると、意図した弾道を打ち出すためのクラブの動きとフェースの向きのつくり方をイメージしやすくなると思います。

Dプレーンは、インパクト時のフェースの向き、そしてクラブパス。この二つの方向を示すラインでつくられる平面を言います。

クラブパスよりもフェースが右を向いていたら、目標に向かって左側が低く、右側が高い面になります。逆に、クラブパスよりもフェースが左を向いていたら、目標に向かって右側が低く、左側が高い面になります。

そして、この面と直角のラインを軸としてボールは回転します。直前の説明で言うと前者の面ならば左が高く右が低い回転軸でボールが回転するため、ボールは右に曲がります（左ページの図はこの状態です）。よく説明に使われるのが飛行機です。左が高く、右が低い回転軸で飛ぶボールは、左の主翼が高く、右の主翼を低くして飛ぶ飛行機のように右に曲がっていくということです。

フェースの向きとクラブパスの向きが一致していれば、Dプレーンは垂直となり、そ

Dプレーン理論

ボールの曲がり幅＝スイング軌道とフェース向きの角度差

インパクト時のフェースの向きのラインと、クラブパスのライン。この二つのラインを同時に載せる平面がDプレーン。この面の傾きに直角の軸で打球は回転する。その回転にしたがって打球は曲がっていく

れゆえボールの回転軸は水平となります。つまり、打球は真っすぐ進むことになります。それに対して、フェースの向きとクラブパスの方向の差が大きければ大きいほど、Dプレーンの傾きが大きくなり、回転軸の傾きも大きくなるため、打球の曲がり方も大きくなります。

3-6 » フックとスライスの理屈

Dプレーンをどちらにどれだけ傾けるかで打球を操る

実際に打ってみましょう。左に曲がるボールは、ボールの回転軸を左に傾ければ良いわけです。つまり、クラブパスよりもフェースを左に向ければ良いということになります。

しかし、ただ左に曲がれば良いというものでもないでしょうから、さらに説明を加えると、ボールを右に打ちだしてのフックならば、フェースを右に向けておいて、クラブパスをそれより右にする（クラブパスに対してフェース面は左に向いているのでフック回転になる）。ボールを真っすぐ打ち出してのフックならば、フェースを目標に向けておいてクラブパスをそれより右にする、ということになります。

スイング軌道がアウトサイド・イン傾向でスライスボールを打ち続けていた人が、ボールをフックさせようとする場合、以前は、インサイド・アウトにスイング軌道を矯正することが条件とされてきました。しかし、新飛球法則を考慮すると、アウトサイド・イン軌道のままでも方法があることがわかります。

アウトサイド・イン軌道の中にもクラブパスが右を向く局面があるということ。具体的に言えば、インパクトゾーンの早い段階です。つまり**ボールを右にズラすと、右に打**

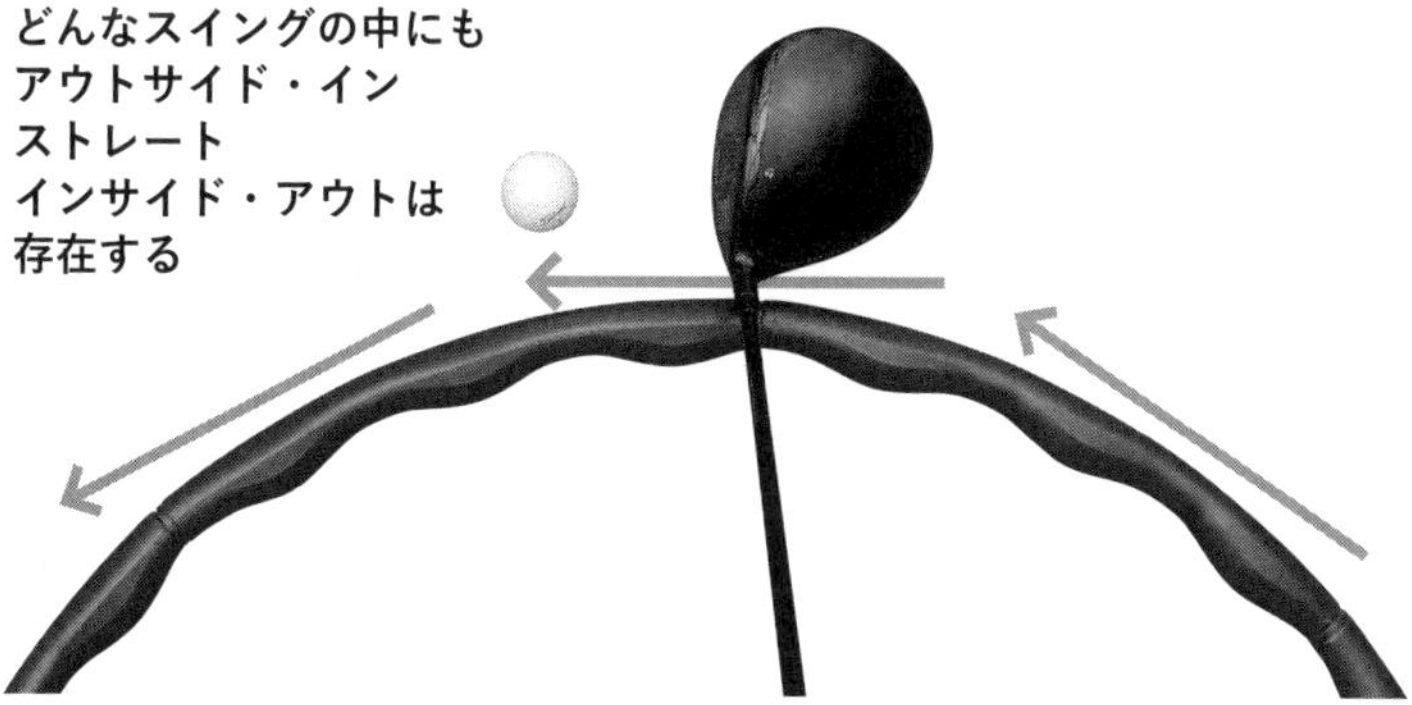

スイングプレーンがアウトサイド・インの場合でも、インパクトゾーンの早い段階では、クラブパスが右を向いている局面がある。そのタイミングでフェースの向きが右を向き、フェーストゥパスが左になるようにコントロールすれば、右に打ち出してフックさせることができる

ち出してフック回転させるインパクト（フェースを右に向け、クラブパスはそれよりも右にする）になるのです（バックスピン量と打ち出し角などへの影響は無視し、左右の曲がりだけの話です）。

3-7 》 垂直方向で考える

打ち出しの高さとバックスピン量にも当てはまる

フェースの向きとクラブパスの向きの差が曲がる方向と曲がる幅を決めていました。これは、左右方向（水平方向）におけるフェース面の向きとクラブの動きの向き、そして打球の曲がり方についての話になります。

この関係は、上下方向（垂直方向）においても同じことが言えます。つまり、フェースの向き・クラブパスの関係と左右の曲がりは、インパクトでのロフト角・ヘッドの入射角と上下の曲がりに置き換えても同じことが言えるのです。

上下の曲がり、つまり上下方向の回転がどうなるかですが、バックスピンになることがほとんどです。二つの差が大きいほど、曲がり幅が大きいことになります。現象的には、打ち出されてから上に曲がっていく曲がり幅が大きい、つまりフケ上がりが激しく、高く上がる球になるということ。バックスピン量が多くなると考えれば、ご納得いただけるでしょう。

ロフトが寝たクラブ、もしくはロフトを寝かせてインパクトをつくりながら、なおかつ入射角がスティープだとバックスピンは増えます。

ロフトが立ったクラブ、もしくはロフトを立ててインパクトをつくりながら、なおか

つレベルかアッパーブローになるようにクラブを当てれば、バックスピンは減ります。

　ただし、ボールは一度に一つの回転軸でしか回転しません。左右に曲がる回転とバックスピン（上下に曲がる回転）が組み合わさった状態で回転していることを理解してください。

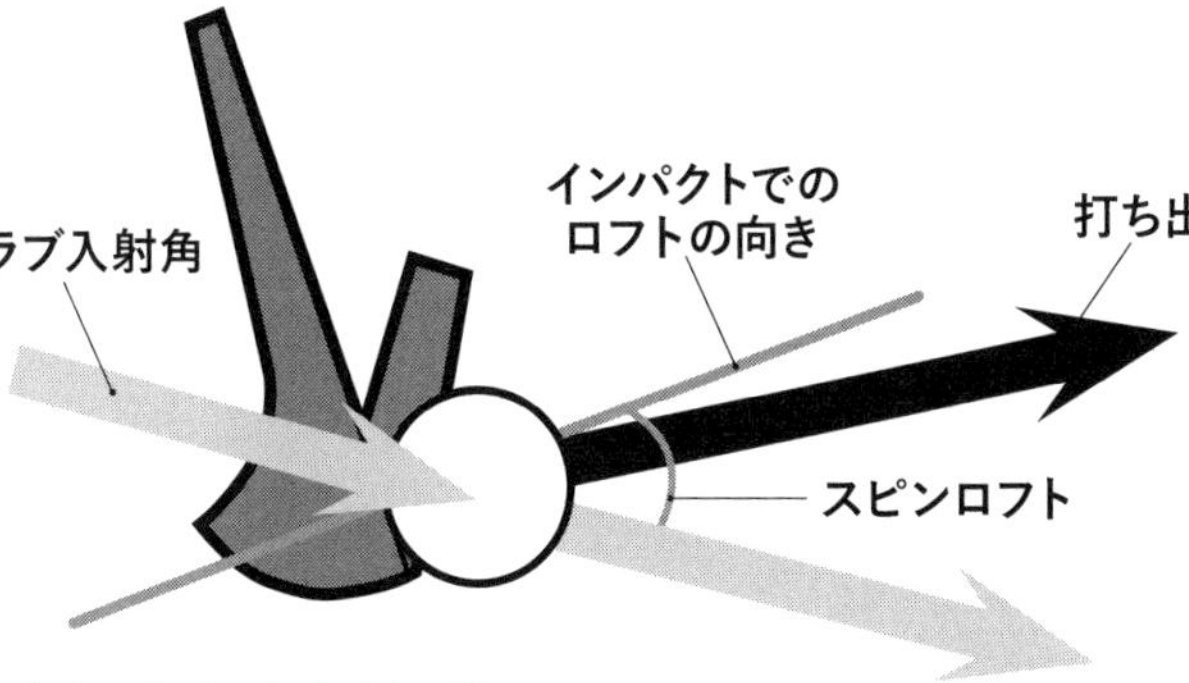

左右の曲がりを説明する際に要素となっていた「フェースの向きとクラブパスの方向の差」がそのまま「上下方向のフェースの向き（すなわちインパクトでのロフト角）と上下方向のクラブの動きの方向（すなわち入射角）の差」となり、その差（スピンロフト）が大きければバックスピン量が増える

3-8 » フェース向きの注意点

ライ角による影響を考慮しておく

新飛球の法則を理解すると、フェースの向きとクラブが動く方向の二つをコントロールすれば、打球の打ち出し方向と曲がり方を的確に操れる、ということになります。

その際、フェースの向きについて気をつけていただきたいことがあります。それは、「（フェース面の底辺である）リーディングエッジの向き、または（フェース上の）スコアラインに垂直な向き」が「フェースの向き」とは限らないことです。

クラブは、シャフトに対してネックが角度をつけられて装着されています。この角度がライ角ですが、ライ角どおりに構えて打つことができれば、リーディングエッジの向きとフェースの向きは一致します（最近の、ドローバイアスと呼ばれる、ドローのしやすさを追求したクラブの中には、初めからフェースの向きが左になるように「適正ライ角」を設定したものもあるため、注意が必要です。ここでは、ライ角どおりに構えると二つの向きが一致する伝統的な設計のクラブについての話をしています）。

しかし、そのクラブも、**トウが地面から浮くように構えると、リーディングエッジをターゲットに向けても、フェース面は左を向きます。ツマ先上がりのライでソールを地面にぴったりつけて構えるとこの状態になります。逆に、ヒールを浮かせて構えるとフ**

左／インパクトで上体が起き上がると、手の位置も高くなる。ヘッドがボールに届くとしたら、シャフトの傾きをなくした状態でインパクトを迎えることになる。ヒールを上げて構えたときと同じで、フェースの面は右を向いてしまうので、スライスの原因となりやすい

右／一方トウを浮かせたインパクトをつくると、フェース向きはリーディングエッジのラインより左を向く。左に曲がる要素となる

ェース面は右を向きます。ツマ先下がりのライでソールした場合も、この状態になります。打ち出し方向はフェースの実際の向きに影響されることに注意してください。

3-9 ≫ 打球結果を決める別の要素

打点が芯を外れるとギア効果が働き、曲がり方が変わる

新飛球法則でインパクトと打球の関係は明確になる、という説明をしてきました。「なるほど」と納得いただいた読者の皆さんには申し訳ありませんが、「打球の方向や曲がりを決めるのは、それだけではない」という話もしておきます。

新飛球法則が成り立つのは、芯でボールを打ったときです。芯で打たなかったときには、ギア効果が働き、打ち出し方向と回転に別の影響を与えてしまいます。

芯からズレたところにボールが当たると、フェースの向きが変えられてしまいます（打ち出し方向に影響がある）。フェースの向きが変わる際、フェースの歯車（ギア）とボールの歯車がかみ合うようにして（実際に歯車はありませんが、摩擦によって同じ現象が起きます）、ボールに回転がかかります。

芯よりもトウ側に当たると、フェースが押されて右を向き、左に曲がる回転をボールに与えます。ヒール側に当たると、フェースが左を向き、右に曲がる回転を与えます。

芯よりも上に当たると、フェースが押されてロフトが寝つつ、下に曲がる回転をボールに与えます、つまりバックスピン量を減らします。芯よりも下に当たると、フェース

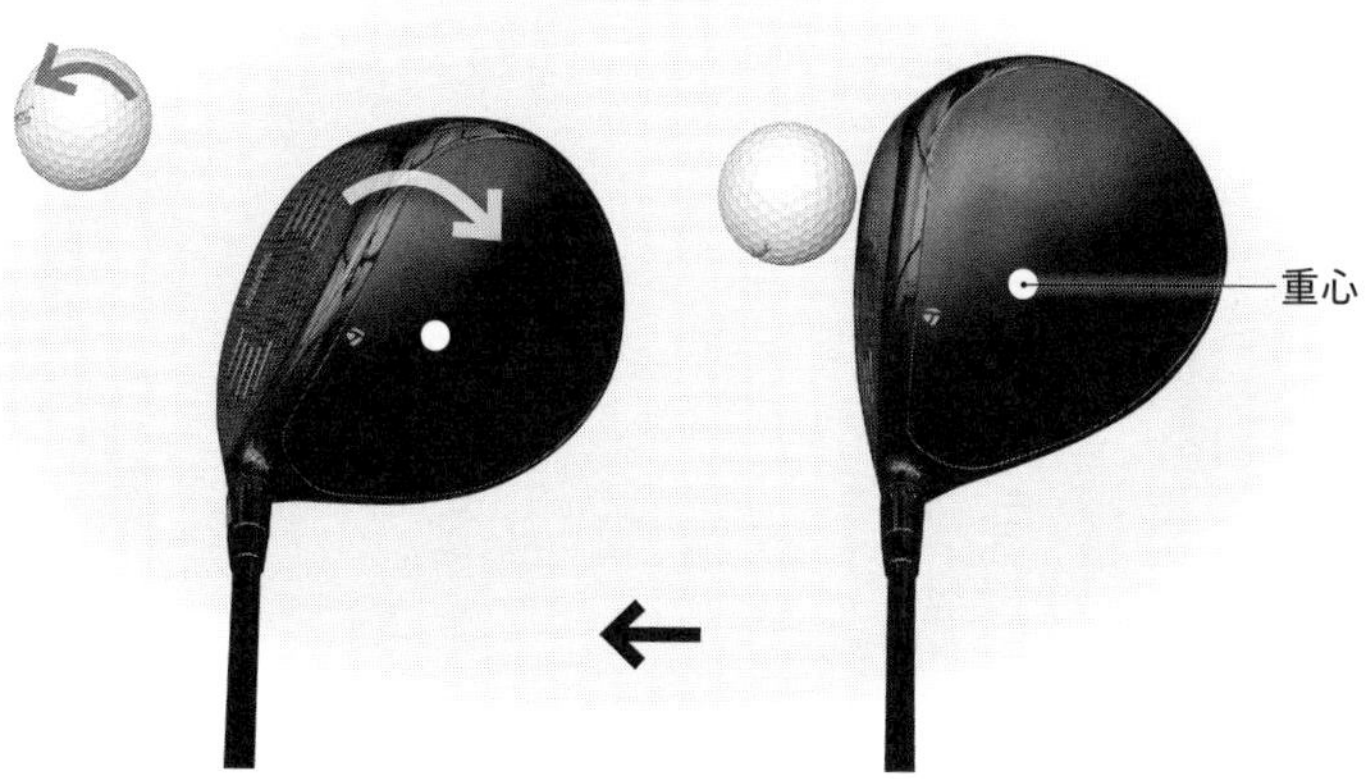

トウ側でインパクトをすると、トウが後ろに押される。ヘッドはその際、重心を中心に押された方向に回転し、その動きがギアのようにかみ合って、ボールにも回転を与える。そのため、新飛球法則が示す打ち出し方向と曲がり方とは違う打球結果を生じさせることがある

が押されてロフトが立ちつつ、上に曲がる回転をボールに与えます。つまりバックスピン量を増やします。

これらの影響が「新飛球法則に則って、インパクトをつくった結果、こういうボールが出るはず」というもくろみに誤差を生じさせます。インパクトの際に芯を外したという手応えを感じたときには、それを考え合わせて次打の調整を加えることが大切です。

クラブパスは上から見た円と正面から見た円をイメージ

左右の曲がり方を決める「フェースの向きとクラブパスの関係」と、バックスピン量を決める「インパクトロフトの向きと入射角の関係」は、別々にあるのではなく、同じ一つのインパクトという現象を二つの側面で見たものです。ですから、相互にバラバラに変動するわけではなく、関係し合っていることも理解してください。

要はスイングプレーンの円弧は、上から見るイメージと、正面から見るイメージの両面でとらえられるので、その両方を連動させて考えることが大切という話です。

アイアンはダウンブローと言いますが、正面から見た円としては、最下点の手前でボールに当たることになります。最下点の手前ということは、上から見た円としては、右向きのクラブパスでボールに当たることになります。

ティアップしたボールをアッパーブローで打つ場合は、正面から見た円としては最下点のあとにボールを打ちます。この場合、上から見た円としては、左向きのクラブパスでボールに当たるということです。

つまり、この円をどうつくるか（スイングプレーンの向きや円弧の大きさなど）、そしてその円の中のどの位置でボールを打つのかを意識すれば、クラブパスと入射角をコ

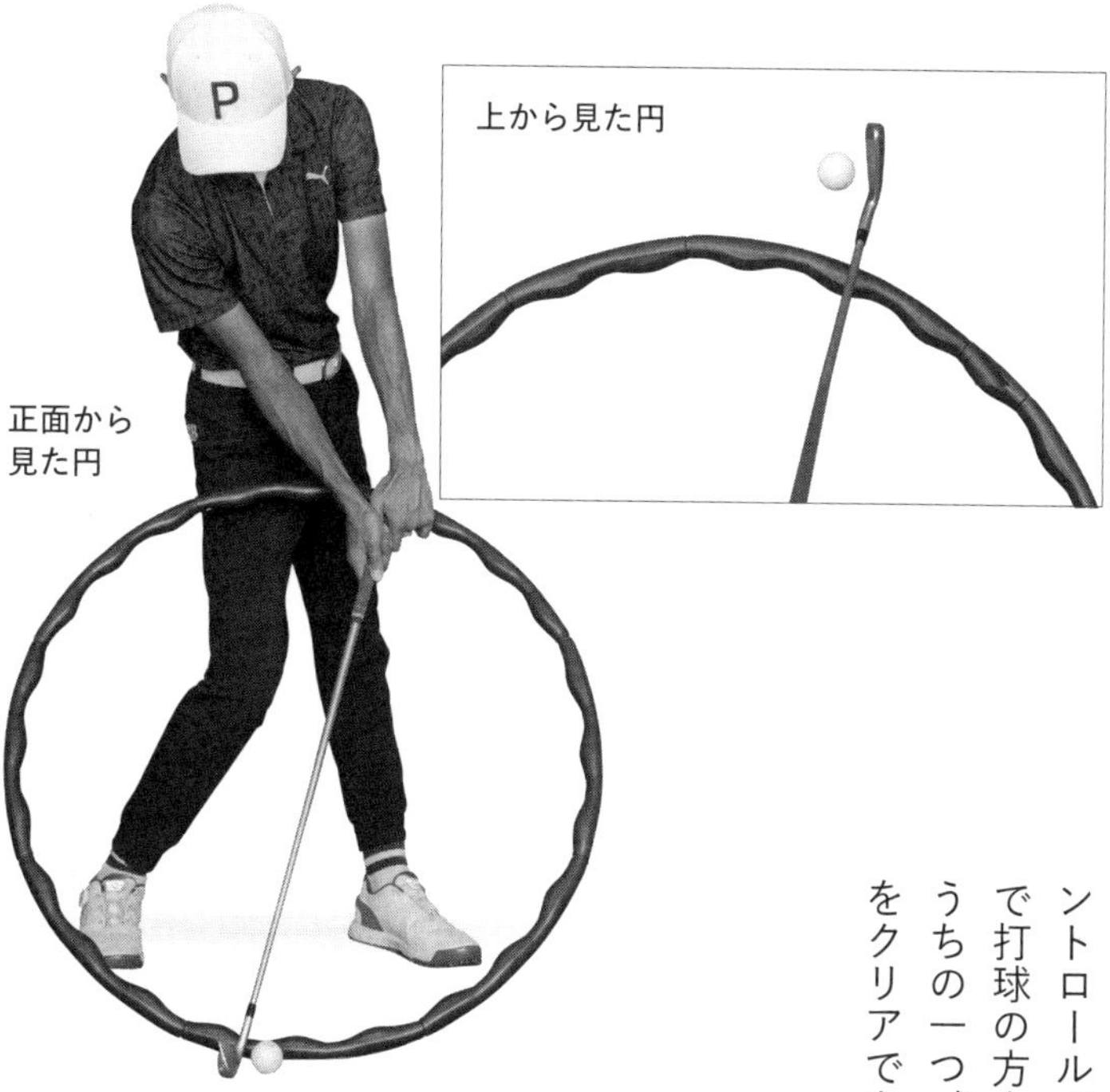

正面から見た円と上から見た円の両方で、クラブヘッドがどの向きで動いているときにボールに当たるか。その向きと、フェースの向きとロフトの向きを考え合わせることが大切

ントロールできるわけです。新飛球法則で打球の方向と曲がり方を決める要素のうちの一つ、クラブパスについての問題をクリアできることになります。

3-11 》面の向きの制御

フェース面はグリップと手首の使い方の組み合わせ

新飛球法則を理解すると、スイングにおいて大切なことは、インパクトでのクラブの動きとフェースの動きをコントロールすることだと把握できます。そのうち、クラブの動きについては前項でクリアしました。残るのはフェースの向きです。

フェースの向きに影響するのが手の向き（形）、そしてその動き方です。スパイラルスイングではてこの原理による加速ではなく、慣性による加速を発動させる構造であるため、ダウンスイング中にフェースの向きが変わるような負荷をネックに与えません。なおかつ、水平の円錐振り子に働く慣性の方向を利用することで、フェースの向きは自然に前（目標方向）に向こうとしてくれます。ですから、従来言われてきた「手首を返す」というような動きや力を過剰に加える必要はなくなっています。近年掌屈《しょうくつ》（左手首を手のひら側に折ること）してダウンスイングし、そのままインパクトするトッププロの動きが注目されましたが、これも手首を返したりする必要がなくなったことを示していると言えます。

慣性と遠心力に主導させてクラブヘッドの動きをつくって打ったボールがどのように飛ぶか。クラブパスは自分で意図して決めていますから、逆算するとフェースの向きが

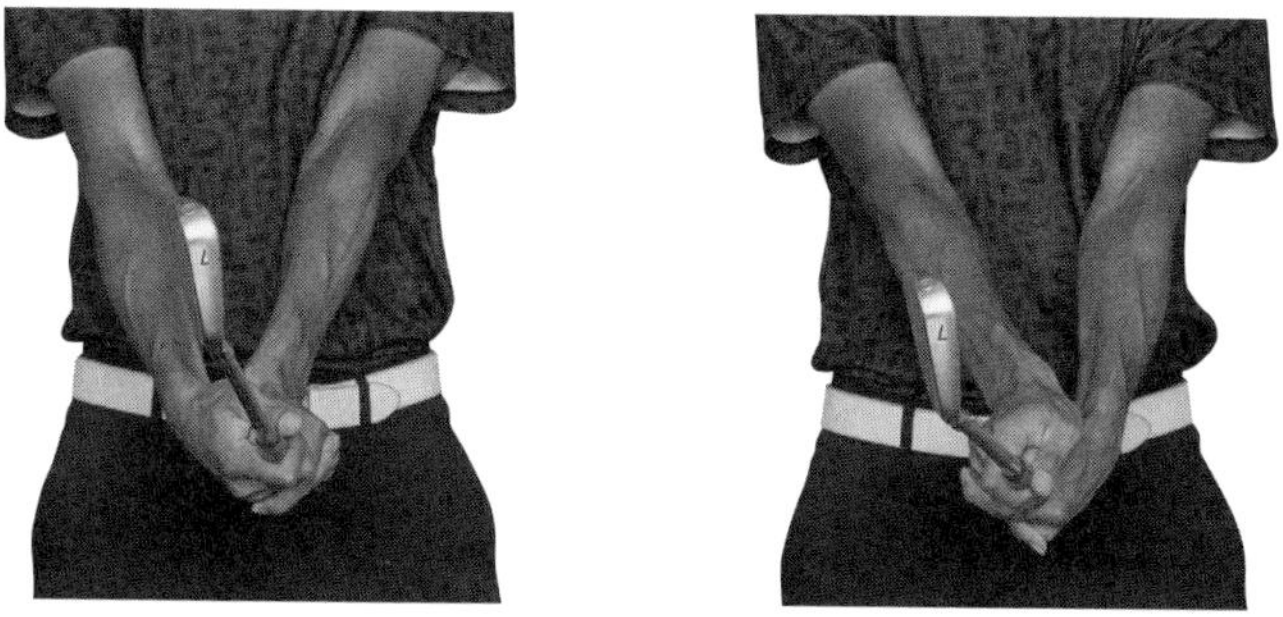

自分のスイングの動きの中で、インパクトゾーンにおけるフェースの向きをどうするのか。仮にスクエアにしたいという場合でもグリップの向き（ストロングやウイーク）によって手首の形のつくり方（掌屈や背屈）が変わってくる。意図どおりのフェース向きで打てるよう、調整が必要だ

どうだったかを分析できます。その答えに対して、意図したインパクトのフェース向きとのズレを解消するためにはどうすれば良いか。グリップの向きを変えたり、手首の形を変えたりすることで微調整ができます。それをご自分で試行錯誤してみてください。

クラブパスやフェースの向きは要素のかけ合わせ

掌屈を採用しているプロの安定度が注目されていました。しかし、「ダスティン・ジョンソンやコリン・モリカワが掌屈していて強い。掌屈は正確性と安定感を高めるのに良いらしい。自分も取り入れよう」のような表面上の解釈をして練習しても上手くいかないことが多いはずです。彼らの手首が掌屈の形になっている理由について考えなければ意味がないのです。

クラブを水平に前に上げて持った状態で掌屈をすれば、シャフトを軸にフェースが左回転する、つまりフェースが閉じることになります。掌屈はフック要素となり、フェースが被ればロフトは立ちますから、弾道も低くなる要素になります。

クラブを持つ段階で、フェースが左を向きやすい状態（ストロンググリップ）にしておくと、掌屈によって過剰にフェースは左を向くことになります。反対にウイークグリップと組み合わせると、フェースが開く要素とフェースが閉じる要素が相殺しあってバランスがとれる可能性が出てきます。先の二人が掌屈を採用する理由もここにあります。

掌屈に限らず、さまざまな要素を取り入れることは可能です。しかし、それがクラブの動きやフェースの向きに対してどのような影響を与えるのかを理解したり分析するこ

グリップする向きによってインパクトのときの手首の形も変わる。ウイークに握っているから掌屈するとインパクトでスクエアになるという理屈(左)。ストロングに握っている場合のインパクトのときの手首の形はそれとは違う(右)

とは大切です。それがフックの要素なのか、スライスの要素なのか、球が低くなる要素なのか、高くなる要素なのか。つまり新たな要素を今までの要素とどう組み合わせると、全体のバランスが良くなるのかを考える必要があるのです。

意図どおりの打球を打つためのスイングの組み立て方を身につけていただくため、打球結果を、左、右、低、高とそれぞれに変える要素となり得る構え方や動き方について紹介していきます。ご自分にとってやりやすく、意図した結果を導きやすい要素はどれか、どれとどれを組み合わせると良いかを見つけていってください。

スイング要素のリストアップ

スイングを構築する

「要素A」＋「要素B」＋「要素C」＝打ち出しの変化と曲がり方の変化 自分のスイング方程式の答えを見つける

打球結果に変化を与えるスイングの要素をここから列記していきます。まずは「曲げる練習」に役立ててください。それぞれのスイング要素には、打球を左、右、低、高に変える性質があります。ある要素は、与える影響が1方向だけでなく、縦方向と横方向を連動して変えたりします。左右方向で修正したいためにある要素を採用したら、上下方向は（そのままで良かったのに）望ましくない方向に変わってしまった、ということもあり得ます。その場合は、望ましくない変化を打ち消すためにほかの要素を組み合わせます。それを繰り返すことで、意図する弾道に近づけていけます。要素を組み合わせて、意図する弾道を打ち出すスイングを組み立てるスキルを身につけてください。

スイング要素によっては左と右、低と高の両方出る可能性があります。スイングの個性によって結果が違ってくるためです。ここで挙げた以外の結果になる場合もあるでしょう。まずはご自身のスイングではどのスイング要素を変えると打球がどう変わるのか、そして、要素どうしの組み合わせの相性はどうなのか。そうしたことを試して確認しておくと、スイングの質的なレベルを問わずどなたにもプレーに役立てられると思います。

高い打ち出しのスライスボール❶を修正しようとしたら、ドロー系のボールになったが打ち出しが低くなってしまった❷。その場合はさらに打ち出しを高く変える要素を取り入れてみる。そうするとさらに……❸、とその処理を繰り返すことで「答え」に近づいていける

スイング要素のリストアップ
≫

スイング要素❶ボールの位置

左にする

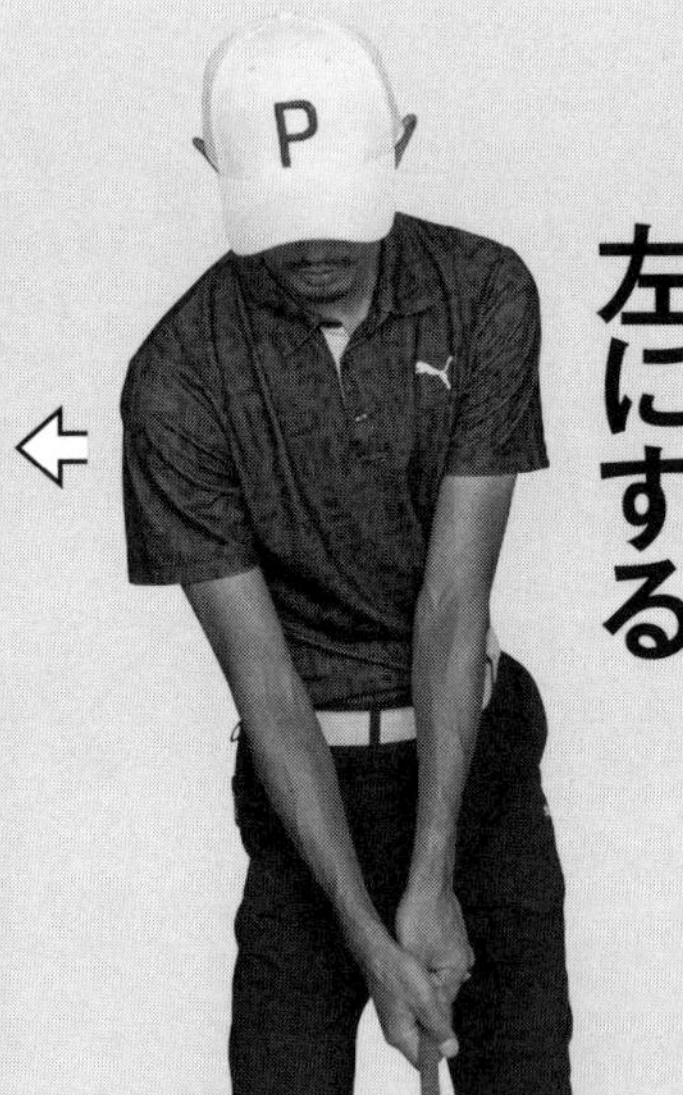

アウトサイド・イン軌道に誘導
アッパー軌道に誘導
リリース度合い増大に誘導

左 右
高 低
想定される弾道の傾向
▼

出球左から左に曲がるチーピン
出球左でストレート
出球真っすぐからフェード（高め）
出球右から大きなスライス（超高い）

右にする

インサイド・アウト軌道に誘導
ダウン軌道に誘導
リリース度合い減小に誘導

左　右
高　低

想定される
弾道の傾向
▼

出球右から右に曲がるプッシュスライス
出球右でストレート〜ドロー
出球真っすぐからドロー（低め）

スイング要素の
リストアップ

スイング要素❷ ボールとの間隔
遠くする

軌道をフラットに誘導
リリース度合い増大に誘導
（腕が伸びるため）

左　右
高　低

想定される
弾道の傾向

出球高めでスピン量多め
地面のボールを打つ際
ヒールに当たりやすい
ティアップしたボールを打つ際
トウに当たりやすい

近くする

軌道をアップライトに誘導
リリース度合い減少に誘導
（腕が詰まるため）

左 右
高 低

想定される
弾道の傾向

▼

基本的にスライス回転
出球低めでスピン量少なめ
地面のボールを打つ際 トウに当たりやすい
振り遅れるとシャンクしやすい
ティアップしたボールを打つ際 ヒールに当たりやすい

スイング要素の
リストアップ

スイング要素❸グリップの向き
ストロングにする
（両手の面に対してフェースが閉じている）

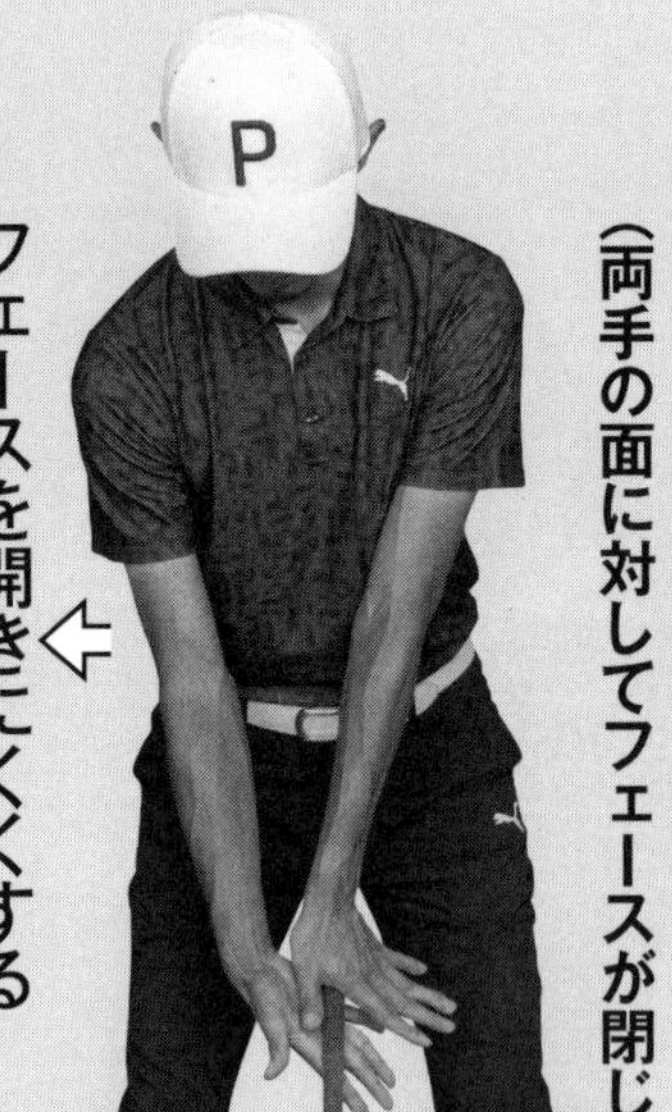

フェースを開きにくくする
体全体が右に傾きやすい
インサイド・アウト軌道に誘導
アッパー軌道に誘導
ロフトが立つよう誘導（ハンドファーストを強調）

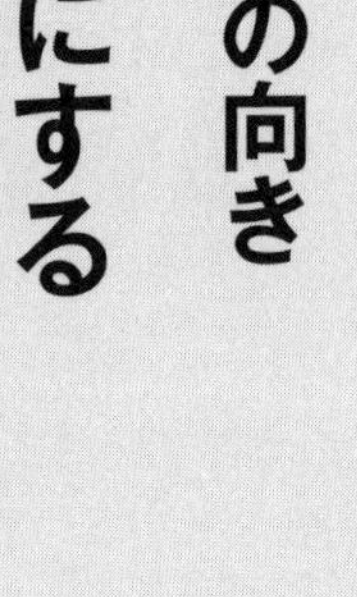

左 右
高 低

想定される
弾道の傾向

右に出て真ん中に戻るドロー（ベストな結果）
ダフリやすい
刺さりやすい
アイアン、ウエッジの距離が伸びる

ウイークにする

（両手の面に対してフェースが開いている）

フェースを開きやすくする
体全体が左に傾きやすい
アウトサイド・イン軌道に誘導
ダウン軌道に誘導
ロフトが寝るよう誘導

左	右
高	低

想定される
弾道の傾向
▼

フェード、スライスが打ちやすい
（カットスライスが出る）
手首の使い方の自由度が高い
左へのミスは少なくなる

スイング要素の
リストアップ

スイング要素❹ ハンドファースト（手の位置）

ハンドファーストの度合いを強めにする

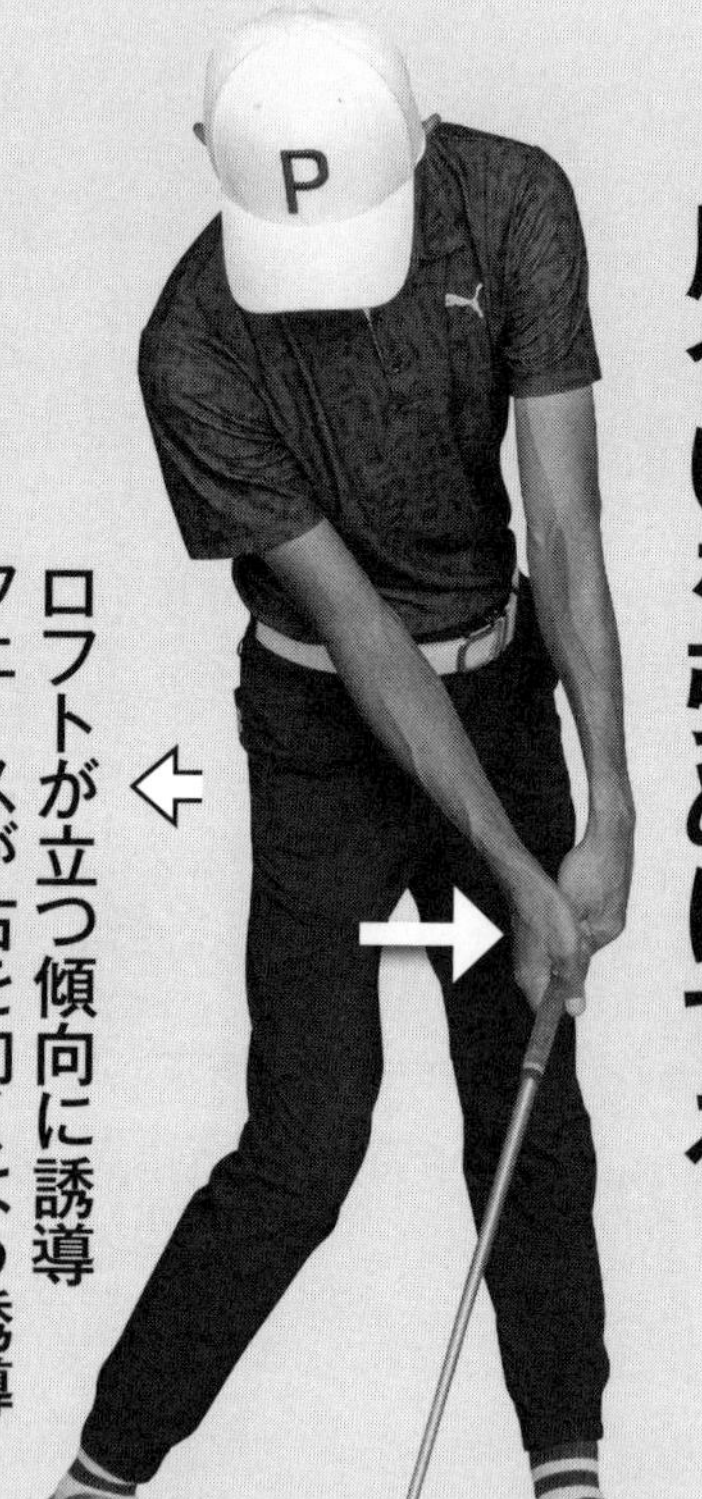

ロフトが立つ傾向に誘導
フェースが右を向くよう誘導
インサイド・アウト軌道を強調
ダウンブローを強調

左 右
高 低
想定される弾道の傾向

低く出てスピン量減少
右に出やすい（プッシュアウト）
刺さりやすい
強いプッシュドローが理想球

ハンドファーストの度合いを弱めにする

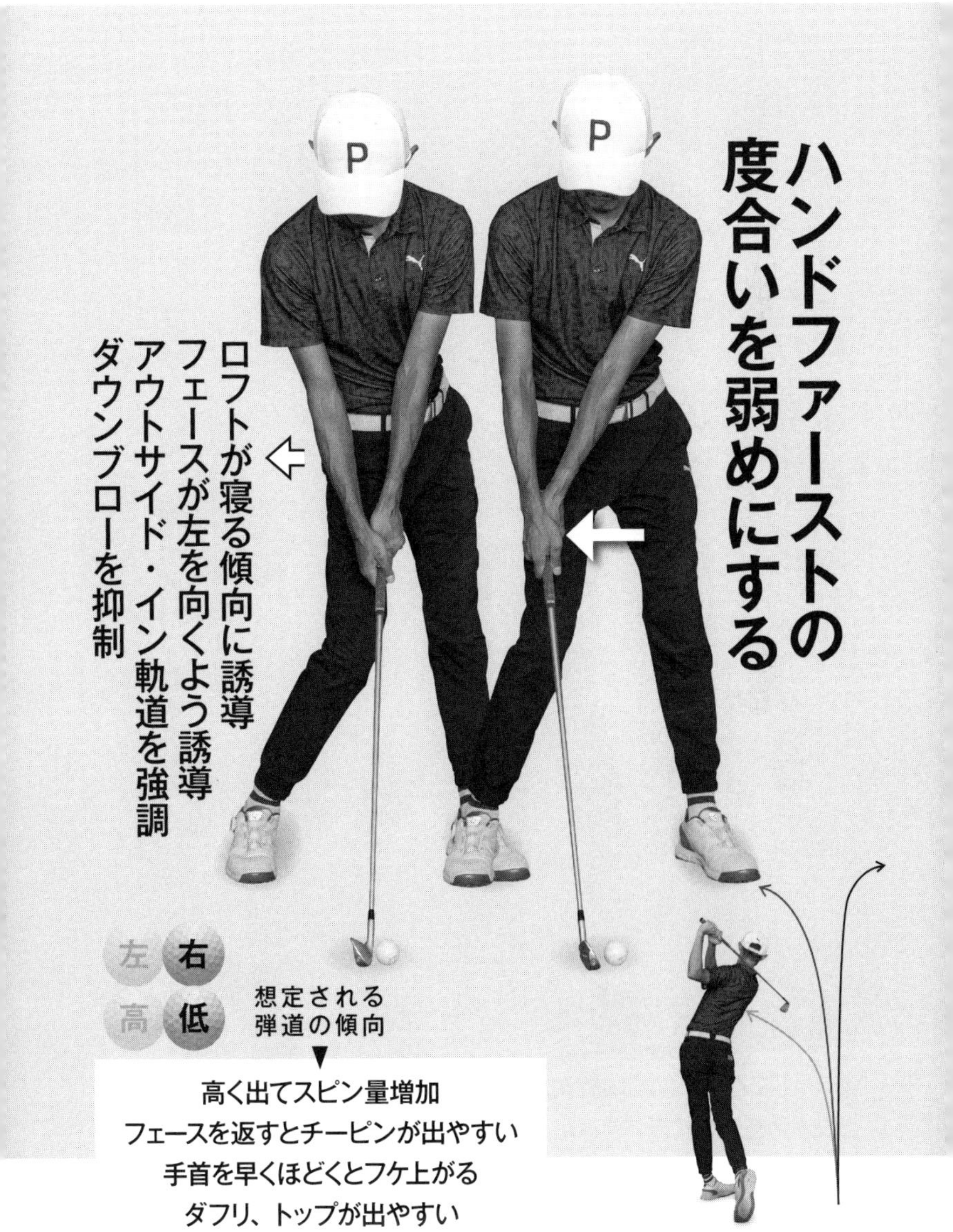

ロフトが寝る傾向に誘導
フェースが左を向くよう誘導
アウトサイド・イン軌道を強調
ダウンブローを抑制

左 **右**
高 **低**

想定される弾道の傾向
▼

高く出てスピン量増加
フェースを返すとチーピンが出やすい
手首を早くほどくとフケ上がる
ダフリ、トップが出やすい

スイング要素の
リストアップ

スイング要素❺ トップでの胸の回転度合い 深めにする

ハンドファーストの度合いを弱める
ロフトが寝る傾向に誘導
フェースが左を向くよう誘導
アウトサイド・イン軌道を強調
ダウン軌道を抑制

左　右
高　低

想定される
弾道の傾向

高く出てスピン量増加
フェースを返すとチーピンが出やすい
手首を早くほどくとフケ上がる
ダフリ、トップが出やすい

浅めにする

ハンドファーストの度合いを強める
ロフトが立つ傾向に誘導
フェースが右を向くよう誘導
インサイド・アウト軌道を強調
ダウン軌道を強調

左 右
高 低

想定される
弾道の傾向
▼

低く出てスピン量減少
右に出やすい（プッシュアウト）
刺さりやすい
強いプッシュドローが理想球

スイング要素のリストアップ

≫

スイング要素❻ トップでの腕の位置高めにする

アウトサイド・イン軌道を強調
ヒール側から下りる傾向を強調
トウダウン量を増やす

左 右
高 低

想定される弾道の傾向

▼

右に曲がる球を打ちやすい

低めにする

左に曲がる球を打ちやすい

スイング要素の
リストアップ

スイング要素❼ ボールの見方

右から見る

⇦ インサイド・アウト軌道を強調
アッパー軌道を強調

左 右
高 低

想定される弾道の傾向
▼
右に出て真っすぐ
右に出てフック
ダフリやすい

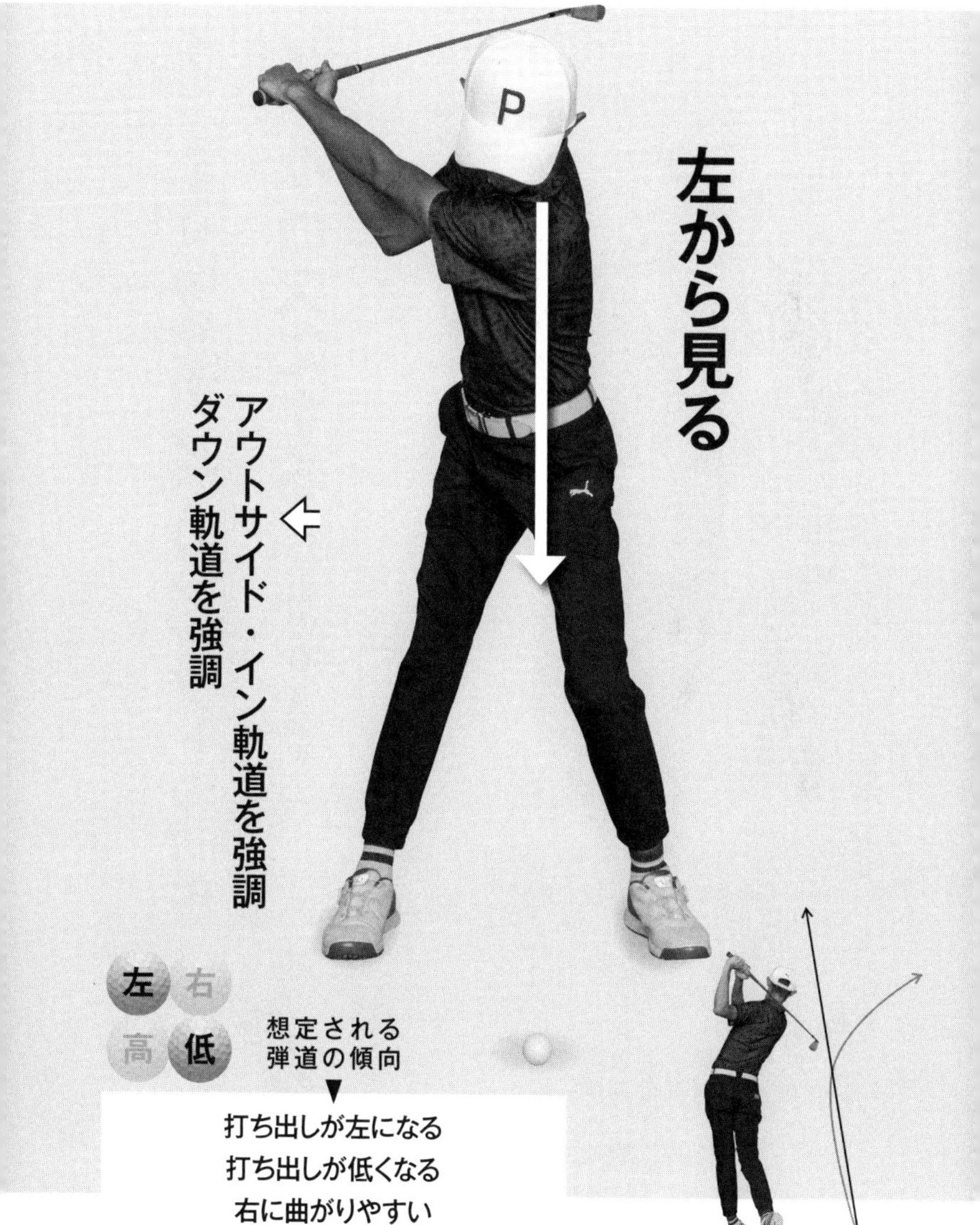
左から見る
アウトサイド・イン軌道を強調
ダウン軌道を強調
左
右
高
低
想定される
弾道の傾向
▼
打ち出しが左になる
打ち出しが低くなる
右に曲がりやすい

スイング要素のリストアップ
≫

スイング要素❽ 切り返しでのシャフトの向き

クロスにする（目標の右を指す）

⇦
インサイド・アウト軌道を強調
アッパー軌道を強調
ダウンスイング後半でヘッドが落ちる

左 右
高 低

想定される弾道の傾向
▼
右に出て真っすぐ
右に出て左に曲がる
ダフりやすい

レイドオフにする（目標の左を指す）

アウトサイド・イン軌道を強調
ダウン軌道を強調
シャフトが起きる（立つ）タイミングが早くなる

左 右
高 低

想定される弾道の傾向
▼
左に出て真っすぐ
左に出て右に曲がる
低く出やすい

NGスイング要素❶ トップから切り返しでヒジが曲がりすぎる

- アウトサイド・イン軌道を強調する
- フェースを開く動きを強調（体を止めて腕で振り下ろすため、腕が伸び、上半身も伸び上がったインパクトになりやすい）

NGスイング要素❷ 切り返し時に腕とクラブが鋭角になりすぎる

- フェースを開く動きを強調
- キャスト（手首の角度をほどくタイミングが早い）の動きを誘導

NGスイング要素❸ スイング前半でクラブの固定が弱い

(グリップ圧がゆるゆる)

- インサイドにヘッドが上がって逆ループ傾向に誘導
- トップで腕とクラブの角度が鋭角になりすぎる(キャスト傾向に誘導)
- フェースが開きやすい

NGスイング要素❹ 切り返し以降で骨盤が後傾しすぎる

- 体重が右に残る傾向を強調(ダフリやすい)

NG スイング要素❺ バックスイングで頭が大きく右に動く

（アドレス時の背骨が前に丸い状態のまま）

- 軸が右にズレ、最下点が右にズレる（ダフリやすい）
- インサイド・アウト軌道を強調（プッシュ、フックが増える）

NG スイング要素❻ ダウンスイングで骨盤が左にスライドして右肩、手の位置が低くなる

- 軸が右にズレ、最下点が右にズレる（ダフリやすい）
- インサイド・アウト軌道を強調（プッシュ、フックが増える）

NGスイング要素❼ ダウンスイングで腕が胸の中心の正面から遅れすぎている

●手が遅れているので手だけでヘッドを戻す（飛距離が出ない）
●ヘッド軌道が安定しない（多様なミスが出る）

つぶやき
by
ゴルフスイング
物理学

ショットメイキングは目分量でつくる料理と似ている！

思い描いた弾道のショットを打つということは、計量スプーンなどを使わずに目分量で料理をつくることによく似ています。そもそもの素材の味を活かしつつ、付け足したい味の要素を調味料で加えて、調えていく作業。それをいろいろな数字を見ることなく、経験によって磨いた「勘」を頼りにつくっていくことに例えられます。

「甘味」を足すにも多様な方法があります。野菜の甘味、砂糖の甘味、みりんの甘味など枚挙にいとまがありませんが、それらにはそれぞれの特徴があるため、どの方法で甘味を足すかによって仕上がりは変わります。「酸っぱくて甘い」「スッキリ甘い」「苦味の中の甘味」などなどイメージした味にどうつくりあげるかが問われます。

ショットにおいて、たとえばミスの傾向として少しフックが強いなという場合、そこにフックとは反対のスライスの要素を混ぜたいわけですが、さらに掘り下げると「もう少し弾道も高くしたい」「もう少しスピン量を抑えたい」といった、スライス要素を混ぜながらもほかの要素も同時に改善したいというサブ的な要素が、どんなスライス要素を加えると良いかという判断材料になるのです。さまざまなスライス要素、フック要素に隠れた、サブ的な要素も含めて理解しながら、自分のクセに合わせた最適な改善策を見つけていければ、コース上、練習中にどんな調整をするべきかの判断が容易になります。

第4章

スパイラルスイング――
実戦的な技術への展開

4-1 »

強いフェードを打つにはフェースの向きを保ち アウトサイド・インの中のアッパー軌道で当てる

フェースはクラブパスより少し開いた状態で当てる。インパクトゾーンを通り過ぎるまで、右手の角度を変えず、フェースの向きをキープする感覚

パワーフェードと呼ばれる、スピン量が抑えられて高く吹け上がらず強く前へ進む弾道のフェードを打つためには、どのような工夫が必要でしょうか。まずスピン量を抑えるためにスピンロフトを減らします。そのため、ハンドファーストの状態でのアッパー軌道が必要です。

　その状態でボールにスライス回転を与えることを両立させるには、インパクト時にターゲットに対して左上方向にグリップエンドを引き上げているという状態が必要です。

　スピン量の多いカットフェードとの大きな違いは、同じアウトサイド・インだ

基本的に、インサイド・インの軌道において、最下点直後のクラブパスは、左方向（アウトサイド・イン）になっている。フェースがターゲットを向いていれば、フェーストゥパスは右となるため、フェード回転がかかる

ったとしても、右上から左下にヘッドが抜けていくダウンブローのアウトサイド・インではありません。アッパー軌道で打つためのポイントを紹介します。

①ボールを左に置く
②スタンスはややオープン
③ダウンスイングはシャローに
④フェースは開かない

そのうえで、
⑤グリップを左上に引き上げながらインパクト、で完成です。

4-2 »

高いドローを打つには、インサイド・アウト。右方向にリリースしながら高く打ち出す

フェースの向きよりも、右向きのクラブパスで当てることで、ドロー回転になる。フェースはある程度、寝かせておきたいため、多少右を向けることになる。それよりも右に振るということ

高いドローを打つためには、インパクト時にロフトがある程度寝た状態になっていないといけません。しかし、フェーストゥパスはクローズでないとドローボールになりません。二つの条件を考え合わせると、寝かせたフェースの向きよりも、右方向へ振っていく中でインパクトをつくれば良いことになります。

案として、ボール位置を右に置くことが考えられますが、そうするとロフトが立ってしまいます。そこで、左足寄りに置いたボールをインサイドから捕らえていくという構造を追求します。

そのための工夫を列記しておきます。

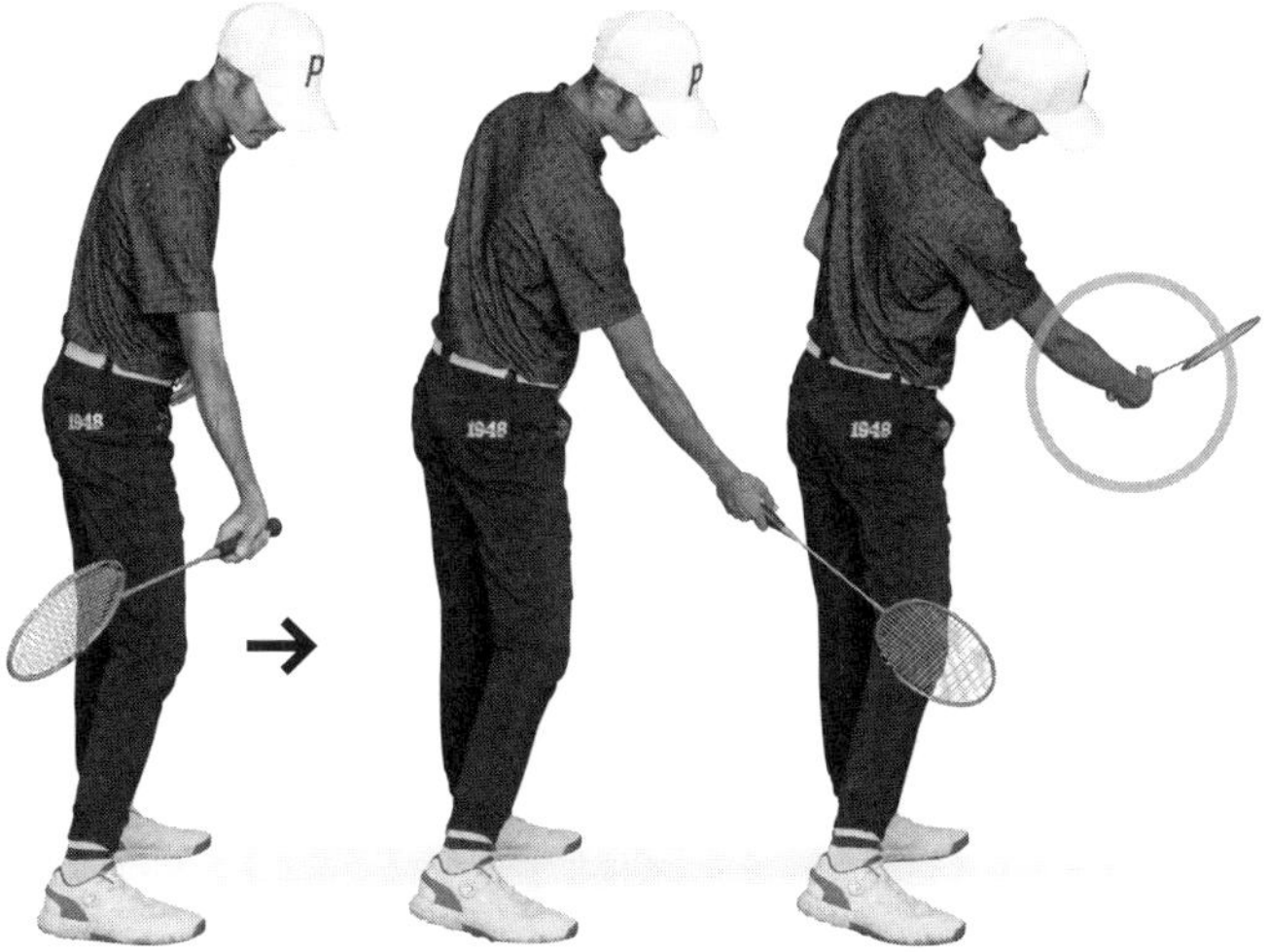

①ボールは右に置きすぎない
②スタンスはクローズもあり
③ダウンスイングはシャローに
④フェースは閉じない
⑤強いインサイド・アウト
⑥フェースを返さないヒンジリリース

ロフトがある程度寝た状態で当てないと高い球にはならない（吹け上がって高く上がる打球は除く）。そのためリリースは行う。ただし、フェースを返すリリースではなく、左手首が甲側に折れる方向へリリースする

4-3 »

棒球のスティンガーショットは ハンドファーストのままアッパーに当てる

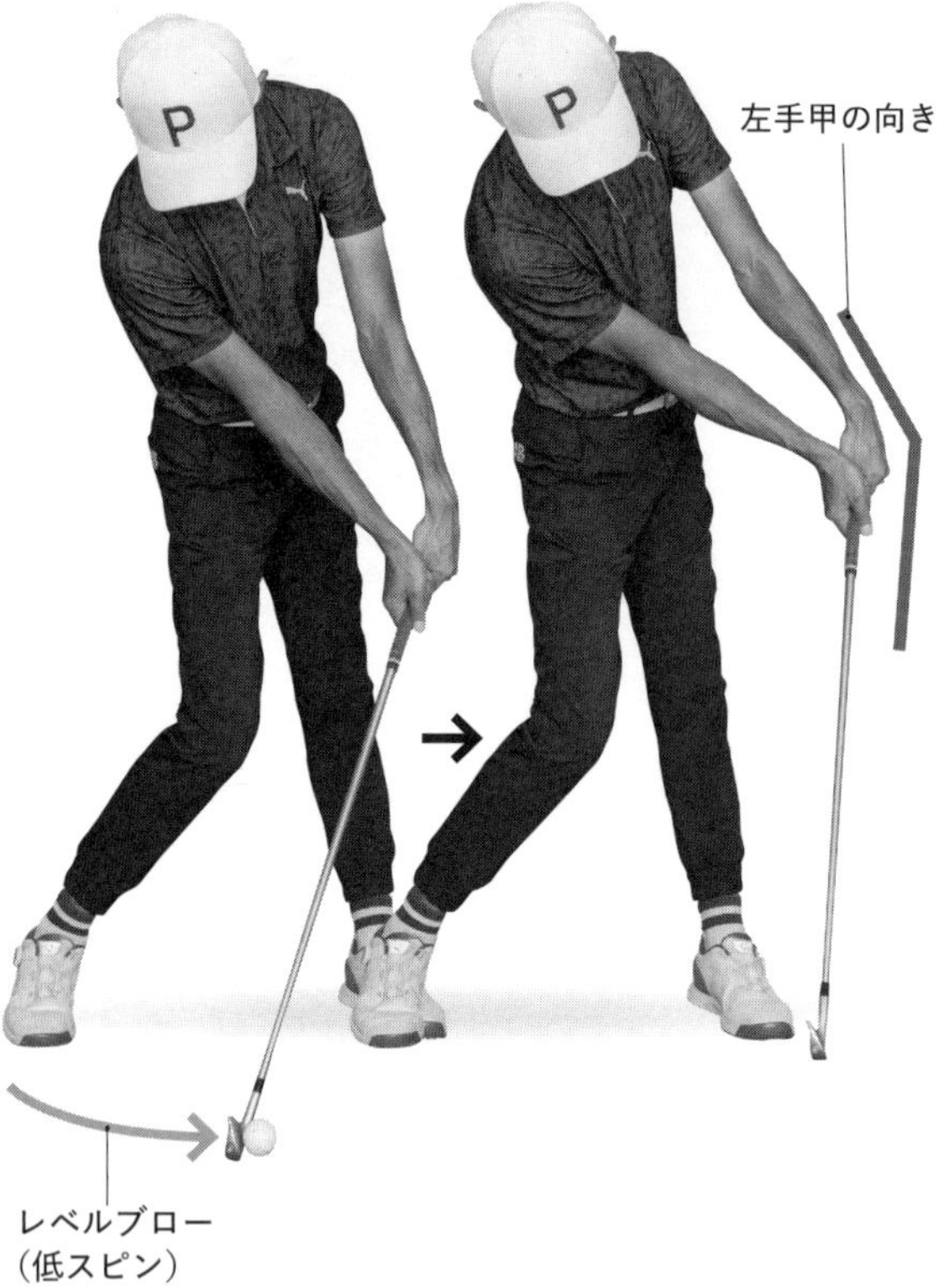

ハンドファーストの形を保ってフォローを出していくイメージをもつと、入射角が浅くなり、スピン量を減らすインパクトをつくれる（スピンの少ない棒球のスティンガーの打ち方）

スティンガーショットは狭いホールで曲げたくない場合に低く強く打ち出すショットですが、スピン量の多い吹け上がるようなスティンガー、スピンの少ないアゲンストに強い棒球のスティンガーによって打ち方は異なります。

どちらもロフトは立てておく必要がありますので、インパクト時のハンドファーストはしっかりと入れていく。その中でスピンの多いスティンガーはダウンブローを強めに。スピンの少ないスティンガーはレベルブローに捕らえていくといった違いがあります。

スピンの多いスティンガーのポイントは

①ボールは右寄り
②インパクトはハンドファースト
③高いトップからややカットにダウンブロー

スピンの少ないスティンガーは

①ボールは右寄り
②インパクトはハンドファースト
③グリップを引き上げながらレベルブロー

低く打ち出すためにはフェースを低く向ける。つまりロフトを立てる。ボールへどういうクラブの動き（入射角）で入れていくかの違いによってスピンの量を調整できる（ヘッドを上から入れてスピン量を増やす打ち方）

4-4 ≫

番手間の距離を打つときは大きいほうの番手で飛ばない打ち方をする

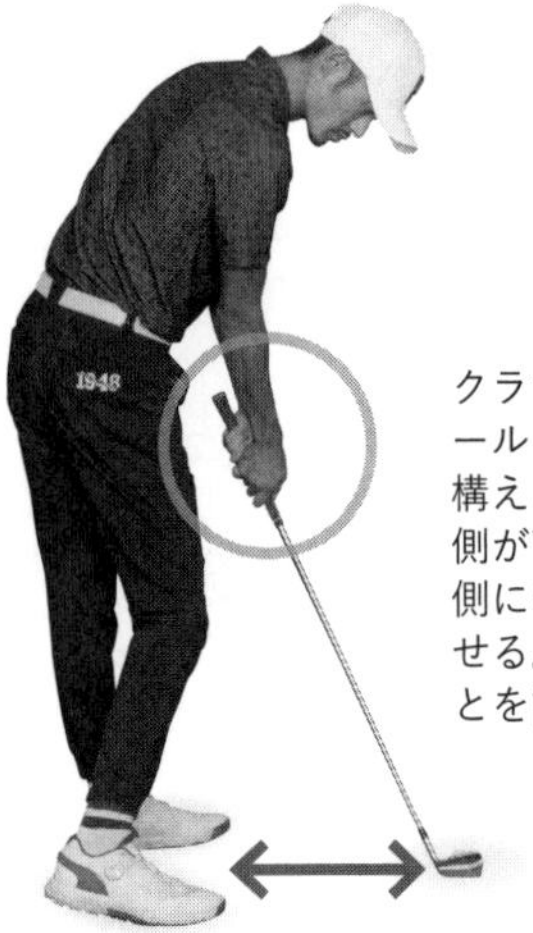

クラブを短く持って、ボールとの間隔を狭くして構えると、クラブのトウ側が下がり、打点がトウ側になって、距離を落とせる。右回転がかかることを計算して左を狙う

目標までが、番手と番手の間の距離の場合、大きめの番手を使って距離を落とすほうが安定度が高いと思います。距離の落とし方はいくつかパターンがありますので、その中で代表的な例を紹介していきます。

　まず、短く持って近くに立つ方法。**短く持って近くに立つと、クラブのトウ側が下がり、打点は少しだけトウ側になります。それによってミート率が下がり、距離を落とせます。**気をつけることは、トウが下がるということはスライス要素が加わりますので、通常よりも少しだけ左を狙うようにしてフェードでピン

ボールの位置を少し左にズラすと、クラブパスがアウトサイド・インに寄っていき、ロフトも寝る。フェースが返らないように抜くことで、フェード系のボールで距離を落とせる

を狙っていくという形です。

もう一つはボールを左寄りに置いてスピンを増やす方法。

ボールを左に置くことで、アウトサイド・インの要素、そしてロフトが寝る要素が加わるため、距離が落ちます。フェースが返ってしまうと出球から左にいってさらにそこからフックしてしまうので、フォローでもフェースが返らないように抜いていく（フリップさせる）ような意識で捕らえていきましょう。

4-5 »

左右の傾斜への対応は体の向きとボール位置でクラブパスを変える

左足上がりでは、低いトップから左足に乗りながらインサイドからヘッドを入れていく

ここで、左足上がりと左足下がりの傾斜の対応について説明しておきましょう。

左足上がりでは、抜けをよくするためにアッパー軌道の要素を入れます。トップは低めにし、左めにあるボールをややインサイドからのクラブパスで入れていきます。その際、大きなフックを防ぐためにフェースを少し開いて使うなどの工夫を必要に応じて入れていきます。

左足下がりではヘッドを上から入れるほうがダフらずに当てるには確率が高くなりやすいですが、その方法が二通りあります。人によって合う・合わないがあると思いますので、試して結果を見て選

左足下がりでは高いトップからスティープに入れていくか(左)、オープンスタンスでボールを右に置き、クラブパスが目標へ向くようにする(右)

んでいただければ、と思います。

一つは高いトップからカットに入れていく方法。この場合、クラブパスをストレートに近づけるためクローズドスタンスにします。

もう一つは、ボールを右に置いて自然にスティープにクラブが入るようにする方法。この場合は、そのままだとインサイドからクラブが入るので、オープンスタンスにして、クラブパスをストレートにして対応します。

4-6 ≫

前後の傾斜への対応は逆球が出ないように組み合わせを工夫する

ツマ先上がりでは左回転のボールが出ることを承知して狙う方向を決める。フック度合いを弱めるには、トップを高めにしてカットに下ろす方法がある

ツマ先下がり・上がりのライで傾斜に逆らわずに打つと、出球の方向、曲がり方（サイドスピン）とも同一の方向にズレます。つまり、ツマ先下がりでは右に打ち出されてさらにスライス要素が入り、ツマ先上がりでは左に打ち出されてさらにフック要素が入ります。

これに対してとれる策としては、出球と曲がりを考慮し、ターゲットを変えて打つ方法と、何かしら逆方向に曲がる要素を混ぜた構え方、振り方をして相殺する方法です。

また、地面に対して垂直に立つ（傾斜に逆らわない）と、傾斜にクラブのライ

ツマ先下がりでは右回転のボールを打つ。ツマ先体重のまま打つことで、逆球が出ることを防げる

角を合わせられるため、ソールのトウからヒールまでを使って抜いていくことが可能です。一方、傾斜に逆らい、重力に対して真っすぐ立つと、ツマ先下がりでは地面にヒールが引っかかり、ツマ先上がりではトウが引っかかりやすくなります。そうなると、ツマ先下がりで右に飛びやすいと計算したのに、意図に反して引っかかったり、その逆も起こりえます。左右方向どちらに出るかわからないという最悪のリスクが増えるわけです。

ゴルフは確率の競技ですから、ミスの方向が一定であるということに大きなメリットがあります。傾斜に逆らわずに立ってスイングすることによって、曲がる方向が一定になるようにし、そのうえでターゲットをずらす方法が、不測の事態に陥りにくいという点でおすすめです。

つぶやき
by
ゴルフスイング
物理学

フェースが自由ならば
グリップも手首も自由

次ページから始まる第5章では、アプローチについて、本書で展開したショットについての解説と同様の発想で、インパクトの仕方と打球結果との関係を説明し、頭の整理をしていただこうと考えています。その始まりの前に、ここでいきなりアプローチショットについての結論めいたことを述べさせていただくと、「アプローチにおけるフェース面の向きやクラブパスの組み合わせ方は自由です」となります。

こういうふうにヘッドをインパクトに入れたいなぁというイメージを自由に描き出すことがまず大切で、それに合った体の使い方をこれまた自由につくっていけば良いのです。「足の幅はこう！」「手首はこう！」と、すべてにルールがあってそれに思考が縛られた中で動きをつくるような状態ではギクシャクした動きになって当然です。

グリップの方法や手首の使い方も自由です。ハンドファーストでもハンドレイトでもあり得ますし、リズムを変えることすら興味深い結果を導き出してくれるかもしれません。

フェースに乗せる原理なども理解したうえで、自分なりに工夫しながら試し、どのような球が打てるのかを確かめましょう。さまざまな状況に対してもっとクリエイティブに遊び心をもってアプローチショットを楽しんだほうが上達につながると思います。

第5章

アプローチにおけるインパクトを考える

5-1 ≫ 応用としての寄せ

基本的な考え方は同じだが、目的が異なることが多い

ショットをメインとしたスイングの解説をさせていただいていると、よく質問にあがるのが「アプローチも同じですか？」というものです。

アプローチに関して言えば、ショットとは違う場合が多い、と考えたほうが良いかと思います。というのも、**ショットはスピンが入りすぎて吹け上がったり、薄い当たりにならないようにどちらかといえば強いボールを打つ技術となりますが、アプローチでは強くボールが出ることに優位性がなく、逆に弱いボールを打つことも含め、多様な技術が求められるからです。**

また、グリーン周りではライの状況がさまざまで、一辺倒なスイング軌道では対応できないことも出てきます。ショットよりもさらに「どんなクラブパスで、どんなフェース向きで」「どんな入射角で、どんなインパクトロフトで」インパクトをつくるかということを考えるうえで、より幅広い選択があることの理解と準備が必要だと言えます。そして、イメージしたインパクトをつくることに集中した結果として現れる体の動きにも、より多様な要素が出てくるということを理解して取り組んでいただければと思います。

ショット　　**アプローチ**

ショットでは主に強い球を求め、アプローチでは弱い球、止まる球を求めている。状況に応じた要素を加味する必要もあり、アプローチでイメージする打球は、選択肢がより広がってくる。インパクトでのフェースの向きとクラブパスが打ち出し方向や高さ、回転の向きや強さを決めるという法則を用いて意図する打球を生み出す仕組みは変わらない

5-2 》目的の違い

上げたい・止めたい場合の打ち方はショットとは逆の技術

アプローチでも転がす場合は別として、上げて止める、スピンで止める、といった「止めるためのアプローチ」は、とくにショットとは逆の技術となります。

これらのアプローチであれば、ショットのようにハンドファーストではなく、リリースは早めに起こしながらフェース面がロフトどおり、またはさらに寝て入ってくるようにスイングしなければなりません。通常のショットではクラブのロフトよりもインパクトロフトは立ってインパクトしているため、「ロフトどおり」のインパクトをするにも、ショットとは違う操作が必要となるわけです。

そのための工夫の例を挙げておきます。これらの要素を混ぜながらボールを拾っていくのがアプローチの技術となります。

①ボール位置は通常より左寄りに置く
②スタンスはスクエアのままかクローズも使う
③フェースはシャフト向きに対して開く
④開いても右に抜けないように、手元を低くしてトウを立てる
⑤インパクト周辺で手元を減速させる

ボールを拾って、止まる性質をもたせた打球にするための、「ゴルフスイング物理学」的におすすめできる方法。ボールは左、スタンスはクローズ。フェースはシャフトに対して開く。手を低くしてトウを立てる。インパクト周辺で手元を減速。どれがやりやすいか、組み合わせやすいかなど、試行錯誤して、技術を磨いておきたい

5－3 ≫ 止める技術

スピンロフトを理解すれば「フェースに乗る」がわかる

アプローチショットを自在に操るには、スピンロフトという概念をしっかりと頭に入れておく必要があります。スピンロフトというのは、先述した縦のフェーストゥパスの概念です。つまり入射角に対するインパクトロフトの向きの差の角度です（3―7参照）。

この差が大きいほど、どれだけ斜めの角度でボールに当てて「切って」いるか、といった表現になるかと思います。たとえば、インパクト時のロフトが50度、ダウンブローの角度が10度だったとすると、スピンロフトは60度ということになります。

逆の例としては、フェースを思いきり開いて90度のロフト（つまり真上を向いてる）でインパクトしても、アッパーブロー90度（つまり真下からボールを突き上げる当て方＝リフティングの状態）だと、スピンロフトは0度になります。まったくボールを「切って」いないため、スピンはかかりません。

ここで「フェースに乗る」という言葉をしっかり理解したいのですが、これはフェース上でボールが滑っていないということです。フェースを思いきり開いてアプローチしたときに、シャカっとボールの下を潜ったような感じになり、ボールが少しだけ上に浮いた程度で全然前に飛ばず、スピンもあまりかからない、といったミスをすることがあります。これはフェース上でボールが滑ってしまっているのです。

フェースとボールの間の摩擦がしっかり働き、スピンがしっかりかかっている状態が「フェースに乗る」です。インパクトでのロフトの角度よりも打ち出しが前方向になる（つまり低めになる）ことが特長です。

「フェースに乗る」という状態を達成するためには摩擦が重要な要素なのです。摩擦が働くための条件を整理すると

①ボールとフェースの間に芝や水が挟まっていない
②ボール表面の摩擦係数が高い（スピン系のボールを使用している）
③フェース面の傷や汚れが少ない。スピンが利きやすい加工等がされている

そのうえで

④スピンロフトの限界を超えていない

この4点目が重要です。フェースを開けば開くほど、そして切れば切るほど（つまり、スピンロフトを大きくするほど）スピンがかかると錯覚してしまいがちです。しかし、確かにスピンロフトを増やしていくとある点まではスピン量は増えていきますが、摩擦に関わる条件でスピンロフトの限界が決まり、その限界を超えるとボールが滑ってスピンがかからなくなってしまうということも理解しておいてください。

5-4 ≫

スピンが入った低いボールの打ち方

　プロのように低く出てキュキュッと止まるボールはゴルファーなら最初に憧れるアプローチの一つではないでしょうか。どのようにして打てば良いか考えてみましょう。

　プロにスピンの利いたアプローチの打ち方を聞くと、まず出てくる答えは「ウエッジのフェースとボール、ライ（の状態）が良くないとスピンは利かないよ」というものです。これは条件として必須です。先ほどスピンロフトについて説明をしましたが、低くスピンの利いたボールを打つためには、フェースを開いたり、ロフトの寝たウエッジを利用してスピンロフトをある程度増やした中で、しっかりと「フェースに乗せる」つまり摩擦が効いた状態にならなければならないからです。

　そのうえで技術的に必要なものは、

①54度以上のロフトのウエッジを利用する
②ロフトに合わせて開き具合を調整（ロフト60度程度のモデルなら開かなくても可）
③スピンロフト確保のため、ハンドファーストにしすぎない
④ソール（バンス）が跳ねないように入射角は浅めのダウンブローで滑らせる
⑤フェースとボールの間に芝が挟まらないようにする。「噛む」は厳禁

入射角とインパクトロフトの差を意識し、スピンロフトの限界を超えないように注意する。ソールが跳ねないように、入射角は浅めのダウンブローにする

5-5 »

スピンは少なめで上げて止めるロブの打ち方

高さで止めるアプローチの場合も「フェースに乗せる」は重要です。フェース面上を滑ってしまうと、いわゆる「抜けた」状態となってしまい、思った距離まで飛ばなくなります。わざと抜いてショートサイドからグリーンの手前側にポトリと落とす技術もありますが、基本的にフェースに乗せるほうが距離感は出しやすくなるでしょう。

ポイントは入射角をアッパーにすることです。フェースを大きく開いて寝かせた状態で、リフティングのようにボールに下から当てることによって高い打ち出しにします。

アッパーブローに入れる方法は二つあり、ボールが浮いているかどうかによって使い分けます。野芝のラフなどでは、ボールが浮いている状態になっていることが多くなります。また、地面に接しているように見えるボールでも、芝の上に浮いているために数ミリから数センチ、下にスペースがあることがあります。これらの状態であればティアップされているのと同じで、ボールを左に置いてアッパーブローに打っていけます。

もう一つは、ボールの下の空間がまったくないか、ほとんどない状況で使う方法です。ダウンブローでボールの少し手前にソールを落とし、バンスで跳ねさせることによって、上にあるボールを跳ね上げます。硬いバンカーなどでも使える技術です。

フェアウェイのボールであっても、ボールの下で地面までの間に空間があることがある。ラフでももちろんだが、その場合はティアップした状態と同じように、スイングの最下点をボールの手前にすれば、アッパーブローで無理なく打てる

ボールの下に十分なスペースがない場合や砂が硬いバンカーでは、ボールの手前にソールを当てて、バンスを跳ねさせることで、下からフェースをボールに当てることが可能。難易度はある程度高くなる

5-6 »

ハンドファースト・アッパーも結構使える

砲台グリーンなどでよく出くわす場面といえば、強い左足上りの斜面からのアプローチです。そこでよくやってしまうミスといえば、思った以上にボールが前ではなく上に飛んでしまい、ショートしてしまうパターンではないでしょうか。

このような状況で使える技術は、**ハンドファーストの形のまま、アッパースイングをするというものです。体は斜面に対して逆らわずに左肩が高い状態でアドレスし、ハンドファーストに構えます。**

そこからハンドファーストを維持したままグリップ部分を下から上に振るようにイメージして「フェースにボールを乗せる」のです。つまりスピンロフトを減らした状態でのインパクトとなります。

とくに「入射角をアッパーにする」意識がなくても、左足上がりなので、ボールの下からヘッドを入れることは可能です。

この打ち方をハンドファーストにせずに行うと、傾斜の分だけロフトが寝ているため、ボールが上に行き、距離が出なくなります。それがよく起こる想定以上のショートの原因ということになります。

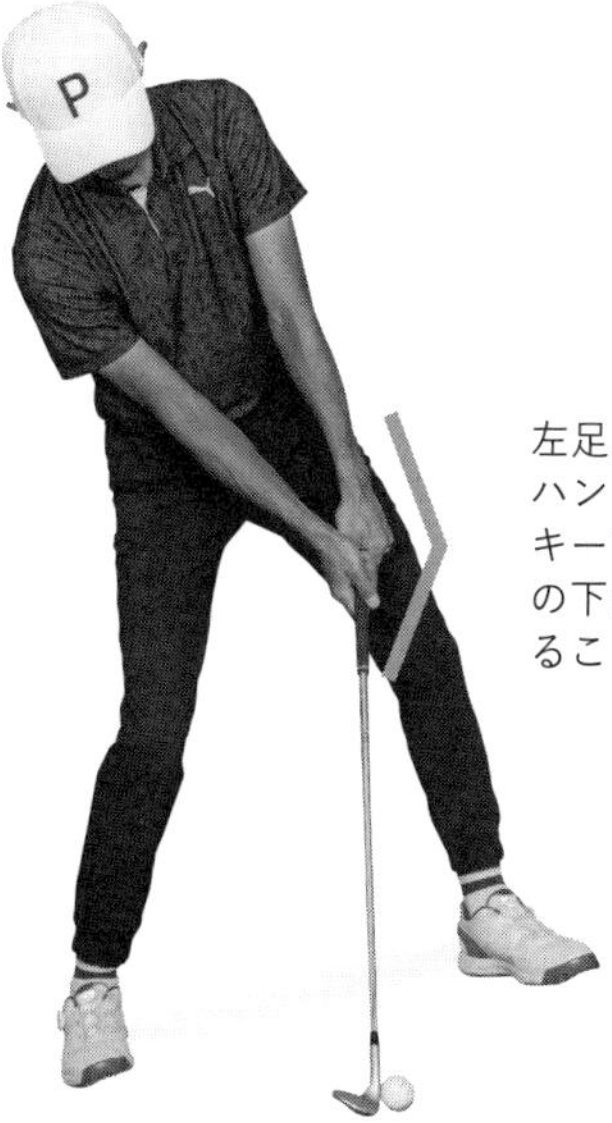

左足上がりのライならば、ハンドファーストの形をキープしたまま、ボールの下からフェースを当てることができる

左足上がりならば、ボールがあまり浮いていなくてもアッパーに当てることができる。手首の角度をキープしたまま、振り抜くことがポイント

5-7 »

ソール・バンスの特性に合う入れ方を選ぶ

ウエッジはモデルによってさまざまなソール形状が採用されています。ソールが、リーディングエッジより下に飛び出している部分をバンスといい、この形状によってソールが地面に当たったときの反応が変わります。イメージどおりの振り抜きを求めて、ソールのさまざまな形状が考案され、採用されているのです。

バンスについては、バンス角（リーディングエッジを基準にした水平線とソールの角度）とソールの幅によってバンスの高さが決まります。

バンス角の定義から考えれば、ハンドファーストの形をつくった際のシャフトの傾きの角度をバンス角にそろえれば、ソールが地面と平行になる、と言えるわけです。つまり、数値が大きいほどハンドファーストにしてアプローチしても良いということになります。

数値の小さいローバンスのウエッジをハンドファーストにしすぎると、バンス角を超えたところからリーティングエッジが地面に刺さりやすい状態となりますから、このタイプのウエッジを使う場合はなるべくハンドファーストを入れないように、ある程度リリースをしながらインパクトを迎える技術が求められます。

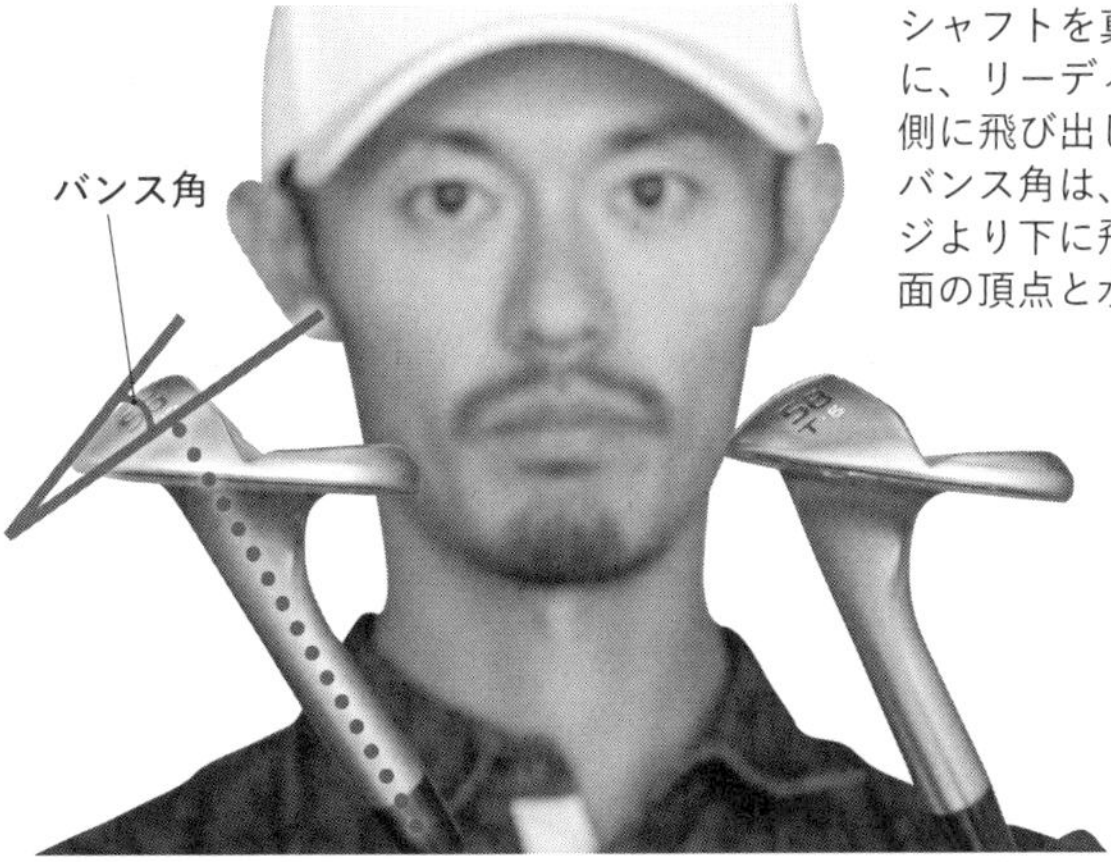

シャフトを真っすぐにしたときに、リーディングエッジより下側に飛び出した部分がバンス。バンス角は、リーディングエッジより下に飛び出したソールの面の頂点と水平線との角度

シャフトをどのくらい傾けると、どのくらいソールがリーディングエッジより下に飛び出すのか、そしてそれが地面に当たったときにどのように跳ねたり滑ったりするのかを推測してイメージを出す

5-8 »

サンドウエッジでの転がしはおすすめしない

トーナメント中継などを見ていると、たまにサンドウエッジで少しスピンの利いた転がしをするプロがいますが、一般アマチュア向けとしては、おすすめの打ち方ではありません。先述した、バンス角以上にハンドファーストを入れている状態となりますから、少しでもクラブがボールの手前の地面に接してしまうと、ソールが滑らずに刺さって、チャックリしてしまうからです。

フェースをボールに直接コンタクトする精度の高い「当て勘」が研ぎ澄まされたプロだからこその技であり、転がしであってもある程度スピンが利いていないとどこまでも転がってしまう、男子プロトーナメントのコース状況だからこそ必要な技だと思います。

転がしをするならばウエッジではなく、ある程度ロフトの立ったクラブを使用しましょう。それならば、わざわざ大きくハンドファーストにしなくてもボールは十分低く出て、転がります。

打ち方としては、グリップが左股関節あたりを向く程度のゆるやかなハンドファーストで少々手前から入ってもソールが滑ってくれるようにします。ある程度精度が乱れても結果に違いが現れにくい選択をし、気分的に楽な状態でプレーすることが大切です。

ロフト56〜60度のサンドウエッジを使って低く打ち出そうとすると、ハンドファーストの度合いを強くせざるを得ない（左）。ロフト角の立ったピッチングウエッジや９番アイアンを使えば、適度なハンドファーストの状態で十分に低く打ち出せる。また、ショートアイアンであってもバンス角はあり、適度なハンドファーストで打つならばダフリ気味でも滑ってくれる（右）

5-9 »

アプローチのサイドスピンを意識すればショットも良くなる

アプローチの練習をするときにも、フェースの向きとクラブパスがどうなっているのかを意識してください。Dプレーンを意識し、どのような回転を球に与えているのかもイメージしましょう。

サイドスピンの方向を常に意識をして練習することで、アプローチがより上達するだけでなく、ショットの上達にも良い効果をもたらしてくれます。

アプローチショットは通常のショットに比べ、小さく、そしてゆっくりした動きになりますから、体の動き、クラブの動きをより感じとりやすい状態です。

そのなかで、フェースの向きやクラブパス、ライ角などをいろいろと自分なりに調整して、スライス回転をかけたりフック回転をかけたりしながら練習をします。すると、ショットにおいても、インパクト時のフェース向きやクラブパス、ライ角などに敏感になり、ボールをコントロールする感覚が身についていくでしょう。

ショットの解説時にも述べましたが、ゴルフにおいて最も難しいのはストレートを打つことです。アプローチでもスライス回転やフック回転を打つほうが簡単ですから、初級者や中級者こそ、スピンをコントロールする意識をもって練習していきましょう。

スライス回転

アプローチでもフェースの向きとクラブパス、そしてそれがもたらすスピンの方向や強さを意識しながら練習する。ショットの練習よりも、クラブの動きや体の動きを感じとり、フィードバックを得やすいため、感覚を磨くことができる

フック回転

つぶやき
by
ゴルフスイング
物理学

アプローチ＝
オープンスタンスは時代遅れ？

「アプローチはスタンスを開く」というのが多くの教科書に載っていることかもしれませんが、クラブパスやさまざまな要因を考えると、アプローチでオープンスタンスが有効である場面は、実はハンドファーストで転がしていくときくらいなものです。

ボールを右に置いてハンドファーストで構えると、クラブはインサイドから来ようとしますので、そこで少し体を開くことによって、クラブパスをストレートに近づけることができるため、ラインに乗せやすくなります。

しかし、ボールを真ん中から左に置いて、ソールを滑らせるアプローチを意図している状況では、少しアーリーリリース気味にインパクトしていくことを組み合わせていることが多いはずです。そうなると、スタンスを開いていると難しくなります。むしろ少しクローズスタンスにしたほうがリリースを入れやすいですし、さらにクラブ軌道もインサイドからになるので、フェースにボールが乗りやすくなります。

何がなんでもオープンスタンス、ではなく、自分が打ちたい打球や、そのインパクトに合わせてスタンスを決めるべきです。アプローチの場合、半分以上はクローズスタンスが適している場面があると認識していただいて良いと思います。

第6章

「上達する考え方」について ゴルフスイング物理学流考察

6－1≫「上達」とは何か

「オートメーション（自動化・無意識化）」を常に意識する

運動が上達するということはどういうことなのか、という根本的な問題を理解しておかなければ、どんな練習の仕方をすれば良いかもわかりません。レッスンに行ったり、ＹｏｕＴｕｂｅでレッスン動画を見たりした翌日のラウンドでショットが乱れてしまいがちな原因もここに隠されています。

運動の上達を定義づける一つのヒントは、正しい動作の「オートメーション（自動化・無意識化）」にあります。

人間が何か運動をしようとする際、たとえば何も考えずに１００メートル先の目標に向かって歩くようなときは、フォームというのは毎回大きく変わることはないはずです。というよりほとんど変わりません。歩くという運動の中に含まれている重心の移し方、姿勢、腕の振り、足の置き方などを昔からほとんど変わることなく数えられないほどの数を反復してきているため、完全にオートメーションされているのです。

しかし「あなたの歩き方、ちょっと内股で腕の振り方も独特だよね」と誰かに言われ、歩き方を直したいと思うようになったとします。歩くたびに自分の腕の振り方や足の向きなどに意識を向けるようになります。この状態ですと、毎回毎回歩き方は同じではなくなります。意識が入ることによって、オートメーションが崩れることになります。

そのまま3カ月間、内股にならないように意識して歩き続けたとします。ある日気がつくと、とくに意識せずに歩いたときにも足の向きが内股にならないようになっていました。これが、新しい運動がオートメーションされるということです。

100点満点中現状では50点程度のレベルで非合理的な運動がオートメーションされている状態で、無意識に動くと50点の運動となります。そこで、80点の今までより合理的な運動を意識をして行うと、うまくいったときは80点、しかし意識して動くと再現性が低下するため、40点、30点の運動になってしまうことも度々です。それでも**意識的に80点の合理的な運動を続けることによって、いつかそれがオートメーションされ、80点の運動ができるようになるのです。とっさの運動、無意識化での運動が合理的な状態になることを目指すのが、運動の練習、修得なのです。**

レッスンや雑誌、動画で情報を得た直後のラウンドというのは、その情報が正しかったとしても、オートメーションされていない状態ですから、多くの場合スコアを崩すことになります。何も考えずにラウンドしているほうが良いスコアで回れてしまうのです。

しかしそれではいつまで経っても50点のままです。成長のためには、オートメーションされていない運動で短期的にスコアが崩れたとしても、それを毎日の練習から継続してより合理的な運動をどんどんオートメーションさせていかなければならないのです。

年間３００ラウンド自慢でも上手くならないのは当たり前

　ごく稀ではありますが、「年間３００ラウンドもしてるのに、全然上手くならないんだよねー」というような話を聞くことがあります。（まぁなんとお金も時間も自由な方がいらっしゃるものですね、という気持ちになってしまいますが）

　しかしこういう方の場合、ゴルフはコース以外ですることはほとんどない（つまり、練習はまったくしていない）という背景があり、その理由を聞くと「練習場でできてもコースではできないから、練習場での練習など意味がないでしょ！」と反論されたりします。

　運動のオートメーションの観点から考えれば、こうした考えをもっている方がこの先も年間３００ラウンドを続けたとしても、上達していくことはないのだろうなぁと心の中で思ってしまうのです。

　もうおわかりかと思いますが、前日の夜にＹｏｕＴｕｂｅなどで見たレッスン内容をラウンド中に試したとしても、オートメーションされてないから継続的には上手くいかない（単発的に上手くいくこともあると思います。それがまた、この方の行動様式を正当化する理由になってしまっているのだと思いますが……）。上手くいかないから、次はまた違うことを探し、見つけて試す、やっぱり上手くいかない……。それを年間300ラウンド続けているだけなのです。

過去にはレッスンに行かれたこともあるかもしれません。きっとそのときも、レッスンで言われたことを練習もせずにコースで試したのだと思います。「コースで試したけれど、上手くいかない。あのコーチは自分に合わない。そもそもレッスンなんて意味ない」と考えたのだとしたら……。

ゴルフコーチという立場で言ってはいけないことなのかもしれませんが、**レッスン内容がどれほど素晴らしいものであっても、それを継続して練習してオートメーションさせることができなければ、どのような正しいことであったとしても、その人に合っている内容のことであっても、コースでは毒にしかなりません。**レッスンは受けないほうが、つまり、新しいことをコースでいきなり試さないほうが、コースで上手くいくのは当然なのです。

オートメーションという練習の目的を理解していただければな、と強く思います。

6-3 ≫ 上達に必要な時間

「理解」から「再現性ある体現」までの距離は果てしなく遠い

運動の上達がオートメーションであることを考えると、頭で理屈を理解したというところから実際に体で再現性よく体現できるまでの道のりはとても長いということを理解できると思います。本書はスイングを原理から考えて、どんなふうにクラブを扱えば良いのかということを書かせていただきましたが、残念ながら「これをすれば明日から70台！」のような夢のような話は一切ありません。私からするとそれは「必ず年利２００％で儲かる投資ビジネス」のような、詐欺師が語る話となんら変わりないのです。

何度も言いますが、何かを意識してスイングするという状態は、短期的には結果を悪化させる要因になります。オートメーションされた動作が崩れる、つまり再現性を低下させる原因となるからです。稀に何かを意識しながらラウンドをしたら上手くいってしまうこともありますが、それは運が良かったとしか言いようがありません。そしてその間違った成功体験によって、「この人の言うことを聞きながらラウンドすると良いスコアが出る！」と勘違いをして、また新しい何かを意識しながらラウンドをして、当然のように再現性の低い運動によってバラバラになり、それでも以前の間違った成功体験によって「また違う新しい何か」を探してネットや雑誌などのレッスン情報を探してしまうのです。

着実な上達とは、そういうものではありません。**自身のスイングやさまざまな技術の中で非合理的な部分を探し、それを改善するためのドリル・練習方法をひたすら繰り返し、オートメーションされてようやく再現性が手に入る。そのオートメーションには毎日ドリルに取り組んでも3カ月、半年、1年と時間はかかります。**よく「どのくらいやればマスターできますか？」と質問をいただきますが、それに答えはありません。もし答えがあるとすれば、「マスターするまで続ける」なのです。

ある動きがオートメーションされたら、やっと次の課題に取り組み始める。また一定期間ひたすら反復をしてオートメーションする……の繰り返しです。

「これをすれば一発で〇〇！」のような甘い言葉は信用しないことをおすすめします。ゴルフ（スポーツ、いやすべての物事）はそんなに簡単に上達するものではないと断言しておきます。

6-4 ≫ 上達の五段階

練習場は確認の場所であり、練習場所はもっと身近にある

ゴルフスイングをオートメーションとするのに必要なものは、反復回数です。つまり練習ですが、その練習に適している場所は、実はコースだけでもなければ練習場だけでもありません。自宅で、自分が映る鏡や窓の前のスペースで十分なのです。もちろん練習場でも良いですが、ボールを打つ必要もありません。素振りが良いのです。ボールを打ちにいってしまうと打つことに意識が向いてしまい、修正したい動作に集中することができなくなってしまうからです。

オートメーションをテーマに練習環境を考えると、こんな順番が見えてきます。

①クラブを持たずに動きをオートメーション（ドリル）
②クラブを持って素振りでオートメーション（素振り）
③練習場での実打で確認しながらオートメーション
④練習ラウンドでの実打で確認
⑤試合での実打で確認

●ドリルの動きがオートメーションされているか？　その確認をするのが素振り

●素振りの動きがオートメーションされているか？　その確認をするのが練習場での実打

●練習場での実打がオートメーションされているか？　その確認をするのが練習ラウンドでの実打

　エンジョイゴルファーであればここまでで、さらに競技者であれば、

●練習ラウンドでの実打がオートメーションされていればそれが試合でのスイングとなる

　環境が本番に近づくほどさまざまな外部からのプレッシャー、ストレスが増え、その恐怖からオートメーションは崩されます。それでも崩されないほどのオートメーションを手に入れておく必要があるのです。「コースでできなければ意味がない」これは間違いではありませんが、だからと言ってコース以外の練習に意味がないというのは完全な間違いです。コース上でもオートメーションが崩されないほどの練習を、その下位にある環境でしていくという考え方でなければ根本からの技術向上にはつながらないでしょう。すでに良いスイングがオートメーションされている選手が「練習なんて意味ないよ」と言うことが多いので、それにだまされないように注意しましょう。

6-5 ≫ 理屈と感性は両輪

正しい理屈を知りセンス（感覚）を鍛えるのが練習

「理屈」と「センス（感覚）」は対義語のように扱われることがあります。しかし、この二つは決して対義語ではなく、共存しなければならないものであると考えています。「超感覚派」と呼ばれている、成績をみれば文句なくトップと認められるレベルの選手に向かって、「どのように振っているか」と聞くと、「すっと上げてさっと振る」といった、まさしく感覚でスイングをつくっているかのような表現が返ってきたりします。

ではその選手のスイングが理にかなっていないのかというと、そんなことはありません。理にかなっていない動作を続けているのであれば、良い結果が出続けるわけがないのです。「すっと上げてさっと振る」というのは、タイミングや力感を表す本人なりの表現ですが、裏を返せばその選手はタイミングや力感以外のスイングメカニズムについてはオートメーションされた動きになっていると考えられます。そのメカニズムを意識する必要がないほどに、無意識下で合理的な力をクラブに与えて運動しているわけです。

話は少しそれますが、スポーツにおいて「センス（感覚）」を無視することはできません。体には筋肉の伸び縮みを感じるセンサー、クラブがどんな位置にどう動いてきているかを感じる触覚的なセンサー、その他にも運動中に降りかかってくる外部からの力を感じる超高機能のセンサーがなければ、それに対して運動を微調整しながらボールを真っすぐ飛ばすことはおろか、ボールにフェースを当てることも不可能となるでしょう。

フェースがちょっと開いているときに「手にはこんな感覚があるなぁ」、クラブを押して振ってしまったときには「こんな感覚があるなぁ」という具合に、スイングの動きにおける正解、不正解を、どれだけの精度で体で感じることができるか。それを鍛えていくことができなければ、運動が上達したとは言えないのです。「理屈を理解した」という段階では、その運動を行う感覚まで手に入れたわけではありませんから、まだ一段階も上達はしていないとさえ言えます。

さらに言えば、感覚を言葉にすることは不可能です。カレーを食べたことのない人にカレーの味を説明したところで、その味を共有することができないのと同じです。実は感覚というのは、いろいろ試しているうちに運よく「正解ができた」ときに体に残るものを記憶していくものであって、一度も「正解ができていない」段階ではその感覚を知ることができないという側面もあります。

正しい理屈を知って取り組むことによって、どんな感覚で動いたときに正解の動きになっているのかといった感覚をより細かく識別できるようになっていくことこそが運動の練習であり、「理屈」と「センス（感覚）」がリンクすることによってはじめて合理的な運動が可能となるのです。

6－6 ≫ 成否を分けるもの

成功とミスの本当の意味は「意図したものか否か」

練習の内容、質を良くするための考え方として重要なのは、ミスというもののとらえ方です。ゴルフというスポーツは、ボールをどこに止めるかをコントロールすることによって行われます。ですからスイングの目的は「ボールを狙ったところに止めることになり、それができたときが「成功」のはずです。しかし、なんとなく良い感じの軌跡を描いて飛んでいくことのみが「ナイスショットであり、成功だ」という発想をもっていると危険です。

以下の問いを考えてみてください。

①少し距離を抑えるイメージで打ったら美しく伸び上がるストレート弾道でボールが思った以上の飛距離で飛んでいった

②小さなフェードボールをイメージして打ったら、予想より少しだけ曲がりの大きいフェードボールが飛んでいった

③練習だからダフろうと思って打ったら本当にダフった

さて、どれがミスでどれが成功でしょうか。

結果だけを見ると①が成功のように思ってしまうかもしれませんが、質の高い練習を

するためには①はミス、②、③は成功ととらえて取り組まなければなりません。

ゴルフでは、意図をボールに伝え、ボールをコントロールできなければスコアをつくることはできませんし、どんなに美しい弾道で飛んでいったとしても、狙った距離よりも遠くに飛んでしまったらグリーンをオーバーしてしまったり、いつも届かない池に入ってしまったりしてしまって意味はないのです。もちろん、美しいストレートボールを狙って打って、結果も美しいストレートボールであればそれは間違いなく成功です。しかし多くの場合、それは偶然であって再現性の高いものではないのです。

程よい甘さと塩加減の肉じゃがをつくりましょうといった場合に、甘さと塩加減のそれぞれを意図的にコントロールしてつくれるようになってはじめて、程よい味つけができると言えるのと同じように、ストレートはフェードとドローの間にあるボールですから、それぞれの要素を意図的にブレンドして打ててこそコントロールされたストレートと言えます。それ以外の、なんとなく打ったらストレートになってしまったという状態は、いつまで経ってもたまたまです。

フック・スライス、ダフリ・トップ、ショート・オーバーもすべて結果だけではミスではありません。意図せずそうなればミス。意図したものであればそれは成功。そして意図してそれらを打ち分けられるという、結果をコントロールできる状態になることによって「程よい」ショットを打つことができるのです。

情報をふるい分けるフィルタを鍛えることも必要

私はYouTubeを使った情報発信もレッスンも行っています。本も書いています。

ちまたでは「YouTubeを見るのは害悪にしかならず、レッスンに通うほうが絶対に良い」という意見をお持ちの方が多くいらっしゃいますが、決してそんなことはないと思っています。YouTubeを見た内容を取り入れたことで結果が悪くなる方がほとんどなので、「結果が出ない＝間違った情報ばかりだ」ととらえられることが多くなってしまっているのかもしれません。しかしそれで結果が出ていないのは、先に述べた「オートメーション」の問題も大きいのです。

なにより、間違った情報はどこにでもたくさん存在しているということ。それはレッスンでも当然起こりうるということなのです。「YouTubeは見ないほうが良い」という意見は、YouTubeが情報源の主流になった後に生まれたもので、それ以前には「レッスンに行っていろいろ言われているうちにメチャクチャになった」という言葉が存在していたことはお忘れになられたのでしょうか？

つまり、**YouTubeだろうが本だろうがDVDだろうが実際の対面レッスンだろうが、媒体が変わったところで間違った情報はどこにでも存在します。合っている情報**

も存在します。それを取捨選択できる能力がゴルファーにあるかどうかにかかっている、それだけの話です。

「プロが言ってることなんだから間違いない」「正しいかどうかなんて素人にはわからない」などと言い捨て、思考を停止させてしまってはいけないのです。話を聞いて、その話が理にかなっているかどうかを判断できるようになるために、日々頭を使い続けるしかありません。「間違った情報を流すほうが悪い」というのは情報を受け取る側の甘えです。スポーツにかぎらず世の中そういうものではないでしょうか。

ここであえて「人によって合う・合わない」の話ではなく、「間違っている」と表現しているのも、事実として間違った情報があるということをお伝えしたいために、少々きつい言葉で書いています。「少し注目されだした〝インフルエンサー〟が言っているから」というだけの理由で思考停止し、その人のすべての発信を鵜呑みにする習慣は必ず変えるべきだと私は思います。情報を有意義なものとそうでないものにふるい分けるフィルタの能力を高めていくことも、ゴルフならびにスポーツ、いえ、それらを超えてすべてのものごとの上達に重要な要素であると考えています。少し斜めから話を聞く意識をして、情報フィルタの能力を常に鍛えていきたいものです（私の話もぜひ斜めから聞いていただければ幸いです）。

6-8 » 理解すること

フォームや練習方法よりも中身（原理）の理解が重要

本書を手にとっていただいた方は、おそらくスイングの形、練習方法やドリルのやり方といった表面的なことよりも、その中身（原理）に興味があるのではないかと思います。中身のほうこそ大事だという了解がそもそもあるわけですから、ここで書く必要はないのかもしれませんが、非常に重要なことだと思うので、あえて理屈についての私の考えを書いておこうと思います。

世の中には練習方法やドリルのたぐいが山のように存在しています。たとえば両ヒザをついた状態で打つ練習なども古くからある練習方法です。しかし、そうした練習・ドリルは、見よう見まねでもとにかく取り組み、繰り返していけば必ず上達するというものではありません。

その練習方法が「なぜ有効で、どのような原理でクラブを動かす感覚をつかむ練習をしているのか」という中身の理解がなければまったくと言っていいほど無意味なだけでなく、間違ったやり方では効果を得るどころか逆効果になることもあるはずです。

「どんな原理でクラブを動かしていきたいか」という練習の目的をしっかりとイメージできていれば、その目的を達成するためにどんな動きをオートメーションしていけば良いかがわかります。それでこそ、練習は意味のあるものになっていきます。

それどころか、「どんな動きをオートメーションしていくか」がわかっていれば、自分で練習方法を考えることさえ、できるようになります。上達の段階ごとに、その時点での自分に足りない部分を補うための、自分にとって最適なドリルを自分で考案できれば、それ以上に効果的な練習はありません。

私を含め、世の中の多くのゴルフコーチたちが、インターネットや雑誌といった媒体で不特定多数を相手に提案している練習方法というのは、あくまで練習方法の一例にすぎません。多くの人に向けて発信しているものですから、最大公約数的な要素を帯びた内容が多くなります。特定の人にとっての最適なメニューとは言いきれない内容である場合も大いにありうるわけです。

自分で自分のためのドリルや練習をつくっていけるようにするためには、練習の仕方をただ真似しようという受け身の姿勢ではなく、その根本にある原理を理解し、ご自身の現状をも正しく把握したうえで考えていこうという姿勢が大切だと思います。

6-9 ≫ 最後に苦言を

複雑なものを無理やり単純化した甘い話に注意！

　ゴルフにかぎらず世の中の事象は複雑にいろいろなものが絡み合っているものばかりです。その複雑さを理解しようとすることを諦めて、無理やりシンプルにしてしまおうというのは、どこかでその歪みが大きくなっていき、破綻します。

　たとえばダイエット方法といったものでも、「毎朝トマトだけ食べれば痩せる！」とか、「〇〇だけ」「超簡単！　誰でも〇〇」のようなうたい文句の商売であふれかえっています。

　ゴルフで考えればスイング一つとっても、「スイングは上げて下ろすだけ！」などとシンプルな表現を用いて簡単に説明しようとすることもありますが、実際、そんなはずはないのです。何度も言うようですが、スイングを精度良く行うために必要な要素のほとんどをオートメーションできている上級者が、自分が何をオートメーションしているかも理解せずに「上げて下ろすだけ」と言ってしまう場合はあるでしょう。しかしそれは、その人にとってはそのイメージですべてが自動的に動いていてうまくいっていたにすぎないだけであって、まだまだスイングに必要な動きがオートメーションされていない人が「上げて下ろす」をそのまま実践したところで、文字どおりクラブを上げて下ろすだけになり、地面を叩きつけて終わりになってしまうわけです。

ちまたにはたくさんのスイング理論があり、「これだけやっておけばすべてのクラブ、すべてのショット共通で上手くいっちゃうよ」といったうたい文句も存在しています。当たり前ですが、そんな簡単な話はありません。クラブによって微妙に違った特性に対応しなければならないし、さまざまな状況に応じたアプローチショットや、パターのストローク原理がスイングとまったく同じなわけがないのです。

また、一つの運動原理だけでスイングを行うことも不可能です。スイングの中には、たとえば二重振り子要素、円錐振り子の要素、位置エネルギーから運動エネルギーへの変換、てこの原理、作用反作用、慣性の法則によって生まれる遠心力やねじれ、しなりなど、さまざまな要素が絡み合います。そんな中で、たとえば「二重振り子で振るのがすべてだ！」とはならないのです。**一つの原理はあくまで一つの原理にすぎず、全体を説明しきることはできません。複数の原理が重なり合ってスイングは成り立っているので、何か一つだけを抽出してそれだけを追ってスイングを完成させていくということは不可能なのです。**

「最終的にシンプルなイメージで振る」というオートメーションをベースにした話と、「ゴルフスイングの正解はシンプルなものだ」という〝暴論〟はまったくもって違うのだと認識しておいていただければと思います。

あとがき

最後まで本書をお読みいただき、ありがとうございました。また、出版にあたり多大な協力をいただきました実業之日本社の皆様、編集部の石川祐一さん、ライターの長沢潤さん、毎度感謝申し上げます。

正直なところ、書籍という形でスイングについて考えを残すというのは、未来に対して不安な部分があります。当然、コーチという立場で毎日スイングのことを考えていますので、理論的に進化していかなければなりませんし、表現の仕方を変えていくこともあるのが事実です。しかし、その不安を払拭するために大切にしていることは、必ずすべてを「原理」から説明し、単に「形」や「数値」「感覚」のみを表現してそれに当てはまることが正解であるというような表現をしないということです。

ゴルフスイングに完全な正解があるわけではなく、「狙ったボールが打てた」という結果にのみ正解が存在していて、その過程におけるスイングの中の方程式、組み合わせ、調整の仕方はさまざまです。ゴルファー自身がどのような調整をして狙ったボールを打つことができるのか。その自由な方法を自分なりに探すための「原理の理解」のためであれば、これまでに出版してきた本や公開してきた動画、これから新たに出版、公開するものどれを見ていただいてもヒントは隠されているはずだと自負しております。

しかし、ゴルフというスポーツは本当に難しいものですね。私自身もジュニアからゴルフをしていたわけではなく、24歳からゴルフを本格的に練習し始めて、約10年が経ちました。おそらく皆様と同じように、毎日ゴルフのことを考えて、スイング動画を撮影し、もっとこうしたい、あぁしたいと思いながら練習に明け暮れ、思うように動かないところに腹を立て、少し良くなったかな？　というたまにいただけるご褒美に喜び、はたまた感覚が悪くなって絶望感に浸り、を繰り返しています。

そんな中でも常に大切にしたいものは、どこまで行っても楽しさの追求を忘れないということです。ほとんどのゴルファーは、プロとして生計を立てているわけではありません。競技ゴルフにチャレンジすることを楽しむのもとても素敵なことですが、誰もが競技でスコアを出すことだけを目的にしているわけではありません。

私はスイングをもっと効率的で、そして見た目にもカッコよくて、同じような想いの多くのゴルファーに「ああやって振りたいな！」と思ってもらえるスイングをつくり込む、ということが生き甲斐であったりします。

これからも先生や指導者というような大そうな立場ではなく、一人のゴルファーという皆様の同志に近いような人間として研究を進めて参りますので、どうぞよろしくお願いいたします。

小澤康祐

著者略歴
小澤康祐（おざわ・こうすけ）
スポーツトレーナー

24歳でゴルフをはじめ、“ゴルフの素人”から物理学と解剖学をベースに独自のスイング理論を構築。2015年からYouTubeで配信をはじめた「ゴルフスイング物理学」は登録者8万6千人超と圧倒的な人気を誇る（2023年10月現在）。その内容を書籍化した『ゴルフスイング物理学』（実業之日本社）は、これまでのゴルフ界の常識を覆す画期的な解説が話題を呼びベストセラーに。ほかに『ゴルフ・ボディ・フィッティング』『ゴルフスイング物理学　7つの上達ドリル』（いずれも同社）などの著作がある。一般ゴルファーへのレッスンをはじめ、ティーチングプロやプロゴルファーに対する動作改善指導も行っている。1987年生まれ、長野県松本市出身。

STAFF
編集協力　長沢潤
装丁・本文デザイン　西村巧
写真　高橋淳司
DTP　加藤一来

ワッグルゴルフブック
ゴルフスイング物理学《ぶつりがく》
自力《じりき》で成功《せいこう》する
スイングイノベーション

2023年11月27日　初版第1刷発行

著　者　小澤康祐
発行者　岩野裕一
発行所　株式会社実業之日本社
〒107-0062　東京都港区南青山6-6-22
emergence 2
電話　編集　03-6809-0473
販売　03-6809-0495
ホームページ　https://www.j-n.co.jp/
印刷・製本　大日本印刷株式会社

ISBN978-4-408-65065-4（第二書籍）